A ma famille

Introduction

La presse fascine non seulement les hommes politiques, mais aussi les puissances d'argent. N'a-t-on pas dit qu'elle constituait un quatrième pouvoir à côté de l'exécutif, du législatif et du judiciaire ? Les exemples ne manquent pas pour le confirmer. « Mon fauteuil directorial vaut deux trônes », proclamait déjà Maurice Bunau-Varilla, qui a régné en maître sur *Le Matin* de 1903 jusqu'au sabordage du journal le 17 août 1944. Sous la IIIe et la IVe République, les différents gouvernements devaient compter avec l'influence de *La Dépêche de Toulouse*. En août 1974, le président Nixon a été contraint de quitter la présidence des États-Unis sous la pression des révélations de deux jeunes journalistes du *Washington Post* sur l'affaire du Watergate.

Les sommes investies par les managers pour contrôler un titre ou pour étendre l'influence de leur groupe de presse sont parfois très importantes. Ainsi, le 19 mars 1979, Jean-Charles Lignel a versé à sa tante, Hélène Delaroche, la somme de 115 millions de francs pour régner sans partage sur *Le Progrès* de Lyon. De son côté, *La Dépêche du Midi* a déboursé, en janvier 1982, 1,5 million de francs pour prendre une participation de 40 % dans *Le Petit Bleu du Lot-et-Garonne* (diffusion : 13 038 exemplaires, selon l'*OJD* — Office de justification de la diffusion — du 24 septembre 1981) et 26,2 millions de francs pour les 58 % que détenait Robert Hersant dans *La Nouvelle République des Pyrénées*

5

à Tarbes (diffusion : 19 895 exemplaires, selon l'*OJD* du 28 septembre 1981). Malgré des apports successifs de capitaux, *Le Matin de Paris* n'a pas réussi à survivre. Claude Perdriel qui l'avait lancé le 1er mars 1977, tentera de le maintenir en vie. En cinq ans, il y aura dix augmentations de capital. L'arrivée de la gauche au pouvoir en 1981 lui porte un coup fatal. Le déficit cumulé en 1982 et en 1983 s'élève à 44 millions de francs. Bien qu'il soit donc très loin d'être une affaire rentable, il est cependant racheté, selon les milieux spécialisés, pour 40 millions de francs en février 1985 par Max Théret, ancien administrateur de la FNAC, qui cède sa place à Jean-François Pertus en mars 1986, puis à Paul Quilès en février 1987. Le 6 mai suivant, avec une perte de 130 millions de francs, le journal est contraint de déposer son bilan une première fois. Après avoir été racheté par une dizaine de journalistes, il est obligé d'arrêter sa parution le 8 janvier 1988 et de déposer à nouveau son bilan le 18 janvier suivant avant d'être mis en liquidation judiciaire le 29 janvier.

On peut se demander ce qui légitime de tels investissements car toutes les analyses des spécialistes concordent : à part quelques rares titres, la presse est loin d'être florissante. Le diagnostic fait en 1984 par le sénateur Cluzel, au moment de la discussion de la loi « visant à limiter la concentration et à assurer la transparence financière et le pluralisme des entreprises de presse », est un exemple parmi bien d'autres. « La diffusion de la presse [française], affirme-t-il, est faible, comparée à celle de la plupart des pays industriels ; elle ne se situe qu'au 26e rang dans le monde et au 16e en Europe, et sa situation ne cesse de se dégrader. »

Produit de consommation, la presse est soumise non seulement aux aléas de la conjoncture, comme tout autre produit, mais également à des transformations dues au renouvellement de ses techniques et, surtout aujourd'hui, à la concurrence de l'audiovisuel. De ce point de vue, il est assez symptomatique de voir comment certaines idées généreuses qui ont été avancées au moment de la discussion de la loi de 1984 sur la concentration de la presse sont passées au second plan depuis que la publicité a été autorisée sur les

LA PRESSE EN FRANCE

nouvelle édition

Éditions La Découverte
1, place Paul-Painlevé, Paris V^e
1990

Si vous désirez être tenu régulièrement au courant de nos parutions, il vous suffit d'envoyer vos nom et adresse aux Éditions La Découverte, 1, place Paul-Painlevé, 75005 Paris. Vous recevrez gratuitement notre bulletin trimestriel **A la découverte**.

radios locales privées (loi du 1er août 1984) et que le président Mitterrand a annoncé, le 4 janvier 1985, la possibilité de créer des télévisions privées. Robert Hersant, contre qui cette loi était initialement dirigée, ne s'y est pas trompé. Tous les journaux qu'il contrôle possèdent des radios locales qu'il a regroupées en réseaux. Lorsque le ministre de la Communication, François Léotard, a annoncé au Parlement, le 14 mai 1986, l'intention du gouvernement de privatiser TF1, le patron du *Figaro* s'est porté aussitôt candidat.

Autre défi qu'elle voit poindre à l'horizon : l'ouverture du grand marché unique européen qui doit intervenir en 1993. Certains groupes ont déjà commencé à investir des marchés en dehors de l'hexagone (voir tableau p. 86-87) et prennent conscience que « l'internationalisation de l'écrit ouvre de nouvelles perspectives et impose de nouvelles stratégies » [37, p. 3]*.

Il était évidemment impossible, dans les limites de cet ouvrage, d'analyser les multiples facettes de la presse dans la variété de ses formes et de ses contenus. Nous avons choisi de privilégier la presse quotidienne. Pour comprendre sa situation actuelle en France, il faut remonter aux sources de son histoire et en descendre le cours pour suivre son évolution depuis ses origines jusqu'à la fin de la Seconde Guerre mondiale (chapitre I). La Libération a en effet constitué une rupture radicale par rapport au passé. Elle a marqué en particulier une perte d'influence de la presse parisienne par rapport à la presse de province. Mais, pendant que l'une et l'autre se développaient avec leurs caractéristiques propres (chapitres II et III), toutes deux ont été concurrencées dans un premier temps par d'autres médias, la radio, la télévision, les *newsmagazines* et la presse spécialisée (chapitre IV), puis, à partir des années quatre-vingt, par la télématique, les radios libres et les télévisions privées (chapitre V). La naissance de ces « nouveaux médias » risque de modifier les données de l'économie de la presse (chapitre VI) dans la mesure où, pour vivre, ils seront obligés de faire appel à la publicité qui entre pour une large part dans l'équilibre économique de la presse en général et des quotidiens en particulier.

---

* Les chiffres entre crochets renvoient à la bibliographie en fin d'ouvrage.

I / Des origines à la Libération

Le journal que nous achetons dans un kiosque ou que le facteur dépose dans notre boîte aux lettres a beaucoup évolué par rapport à celui qui était lu sous Louis XIV, pendant la Révolution ou sous la IIIᵉ République. Il ne suffit pas de le constater. Il faut encore déterminer les causes de cette évolution et tenter d'éclairer le présent en restituant le passé par la transformation des séquences événementielles en enchaînements historiques.

1. La naissance de la presse

La célébration, en 1981, du 350ᵉ anniversaire de la fondation, le 30 mai 1631, de la *Gazette* par Théophraste Renaudot est venue rappeler que les origines de la presse en France sont relativement récentes. Certes, avant cette date, il existait des organes d'information qu'une série de facteurs — technique, politique, social, économique — avait contribué à faire éclore. L'invention de l'imprimerie par Gutenberg en 1438 rendait possible la multiplication rapide d'un même texte. Le papier, qui avait été inventé en Chine vers 105 après J.-C., était connu en Europe depuis le XIIIᵉ siècle et offrait un support avantageux par rapport à la peau de mouton, même s'il était encore fait à la main à partir de chiffons de textiles végétaux : chanvre, lin, coton... Au XIVᵉ et au

XVe siècle, on assiste à la montée d'une bourgeoisie d'affaires qui aspire à l'instruction et à la culture, et au développement dans les milieux politiques et financiers d'un besoin d'informations précises pour conclure des traités et faire des échanges commerciaux. Les grandes découvertes de la fin du XVe et du XVIe siècle suscitent la curiosité et élargissent les frontières du monde. A la même époque enfin, les services postaux commencent à se mettre en place partout en Europe. Ces organes d'information qui avaient pour noms « nouvelles à la main », « avvisi », « occasionnels », « canards », « libelles », « almanachs », présentaient tous les caractéristiques de la presse écrite sauf une : la périodicité. C'est pourquoi on a pu dire que la date de lancement de la *Gazette* « marque dans l'histoire de la presse une date capitale » et la considérer « comme l'acte de naissance de la presse périodique française » [15, tome 1, p. 83].

Lancée grâce à l'appui de Richelieu, la *Gazette* paraît d'abord sur quatre pages de format 23 × 15 cm et elle comporte surtout des nouvelles de l'étranger. Il faut attendre le sixième numéro, daté du 4 juillet 1631, pour y voir figurer des nouvelles de la cour et de Paris. Malgré un contenu qui laisse à désirer sur le plan tant du fond que de la forme en raison, dira Renaudot à ses censeurs, « des quatre heures de jour que la venue des courriers me laisse toutes les semaines pour assembler, ajuster et imprimer ces lignes », la *Gazette* connaît un développement assez rapide même si son tirage ne dépasse pas quelques centaines d'exemplaires. Elle double sa pagination le 28 novembre 1631. Ce succès lui vaudra plusieurs parodies et contrefaçons et même un concurrent : le *Courrier français*. Mais elle conservera son influence et, au moment de la Fronde, lorsque Renaudot délaisse Paris pour Saint-Germain-en-Laye, un de ses adversaires, le médecin Guy Patin, a pu écrire : « Notre ville est pleine de gens curieux et affamés de nouvelles... Il semble que tout soit mort depuis que la *Gazette* n'existe plus, l'on vit comme des bêtes, sans savoir ce qui se passe. »

La *Gazette*, qui devient bihebdomadaire en 1762 et qui connaît des éditions locales dans certaines villes comme Toulouse, Lyon, Grenoble, représente la presse politique. En

1665 naît une autre forme de presse périodique, la presse scientifique, avec la parution, le 5 janvier, du *Journal des savants*, lancé par Denis de Sallo, avec le soutien de Colbert, et poursuivi, après une brève interruption, par l'abbé Gallois. Sept ans plus tard, en 1672, c'est au tour du *Mercure galant* de voir le jour. A côté de cette presse périodique voulue et protégée par le pouvoir, naît ou continue de paraître une presse non officielle, souvent à la périodicité non établie, mais dont le rôle ne peut être négligé car elle servait de complément à la *Gazette* : la *Muse historique* de Loret, les mazarinades, les occasionnels, les nouvelles, les almanachs.

Jusqu'à la fin du XVIIᵉ siècle, la presse française reste encore cependant assez limitée. Elle s'apparente au livre, comme en témoigne la numérotation continue des pages de la *Gazette* : ce qui permettait de la relier à la fin de chaque année, d'y ajouter une préface et des tables. En outre, la masse des analphabètes était encore assez considérable et les lenteurs du système postal rendaient difficile une diffusion rapide et lointaine.

Au début du XVIIIᵉ siècle, les jalons sont posés pour permettre aux journaux de connaître un essor qui atteindra son point culminant à partir de 1870. Cette évolution se fera lentement. La curiosité des lecteurs s'avive, les services postaux s'améliorent, les conditions techniques progressent, en particulier grâce à l'uniformisation des caractères avec François Didot. La diffusion est assurée par les libraires et les colporteurs et, un peu partout, s'ouvrent des cabinets de lecture qui facilitent l'accès aux périodiques. Sur le plan juridique, la législation reste toujours très stricte et la censure vigilante. Malgré le relatif libéralisme de Malesherbes qui, à la direction de la Librairie, favorisera la publication de *L'Encyclopédie*, il est difficile de mettre en question le monopole dont jouissent la *Gazette* sur le plan politique, le *Journal des savants* pour les informations scientifiques et le *Mercure galant* pour les chroniques littéraires.

Cependant, peu à peu, l'éventail s'élargit dans tous les domaines du savoir : philosophique, religieux, scientifique, littéraire. Les célèbres *Mémoires de Trévoux* sont lancés en 1701 et viennent concurrencer le *Journal des savants*. Le premier quotidien français, le *Journal de Paris*, voit le jour dans la capitale le 1er janvier 1777. Quelques feuilles d'annonces commencent à paraître en province. En 1775, les *Affiches de Toulouse* peuvent citer treize villes possédant ce genre de publications. Mais leurs souscripteurs ne dépassent cependant pas quelques centaines.

C'est avec la Révolution que les modifications les plus profondes vont être apportées. La France, qui avait toujours été en retard sur les pays voisins dans la création des journaux, sera la première à inscrire la liberté de la presse dans l'un de ses textes de loi. Selon l'article 11 de la *Déclaration des droits de l'homme et du citoyen* (28 août 1789), « la libre communication des pensées et des opinions est un des droits les plus précieux de l'homme : tout citoyen peut donc parler, écrire, imprimer librement, sauf à répondre des abus de cette liberté dans les cas déterminés par la loi ». Les résultats ne se font pas attendre et « de mai 1789 à décembre 1799, il est paru en France plus de 1 500 périodiques de toutes formes et tendances » [3, p. 125].

Cependant, cette presse très diversifiée sur le plan politique connaîtra très vite des restrictions sous la Terreur (10 août 1792 — 27 juillet 1794), en particulier avec la disparition de la presse royaliste et de la presse girondine. La mort de Robespierre apportera une libéralisation, mais le Consulat et l'Empire imposeront de nouvelles restrictions. En 1811, il ne reste plus que quatre journaux à Paris (*Le Moniteur*, le *Journal de Paris*, le *Journal de l'Empire* et la *Gazette de France*) et, en province, les préfets n'autorisent qu'un seul titre par département.

Malgré les innombrables contraintes qui pèseront sur la presse à la fin du Premier Empire — cautionnement, timbre, autorisation préalable, censure, obligation d'avoir le brevet d'imprimeur —, c'est dans la première moitié du XIXe siècle que la presse française connaît des développements qui lui permettront d'arriver progressivement à son âge d'or. En 1789, la multiplication des journaux avait pour origine une révolution juridique et politique. Il lui manquait une révolution sociale qui se fera tout au long du XIXe siècle et qui sera parfois accélérée grâce à l'évolution des techniques.

Depuis ses origines, la presse s'adressait à une élite, la bourgeoisie politique et commerciale, qui seule pouvait payer régulièrement un journal. Avec les progrès de l'instruction, la curiosité s'avive dans toutes les classes sociales. Aussi, lorsque, le 1er juillet 1836, Girardin lance *La Presse*, en fixant l'abonnement annuel à 40 F au lieu de 80 F, le journal se trouve à la portée d'un plus grand nombre de bourses. Le 1er février 1863, un nouveau pas est franchi dans cette démocratisation de la presse lorsque Polydore Millaud crée *Le Petit Journal*, qu'il vend un sou, la plus petite monnaie en circulation. Si le quotidien de Girardin connaît quelques difficultés lors de son lancement, celui de Millaud rencontre très vite le succès : deux ans après sa fondation, il atteint déjà un tirage de 259 000 exemplaires. A sa création, le 1er janvier 1777, le *Journal de Paris* fournissait surtout à ses lecteurs des informations générales et des renseignements pratiques. Avec la naissance de la presse populaire, on voit apparaître les chroniques de sports populaires comme le cyclisme ou le football. Le fait divers, jusqu'alors relégué à l'intérieur ou en dernière page, se retrouve régulièrement à la une du journal.

Parallèlement à ces facteurs sociaux et économiques, les progrès techniques ont également favorisé le développement de la presse au XIXe siècle. Déjà, en 1798, Louis-Nicolas Robert avait construit la première machine pouvant débiter un rouleau de papier sans fin. Mais ce n'est que dans la décennie 1865-1875 que le papier de bois va se substituer définitivement au papier chiffon, permettant ainsi à la presse de trouver à meilleur compte le matériau dont elle avait besoin pour faire face à l'évolution de ses tirages. Au niveau de l'impression, la presse à vis, mise au point par Gutenberg, laisse la place à une presse mécanique où la pression du papier sur la forme est assurée par un cylindre et qui, à la suite de différents perfectionnements et mises au point entre 1860 et 1870, aboutira aux rotatives capables d'utiliser le papier en bobine et de tirer de 12 000 à 18 000 exemplaires à l'heure et 50 000 en 1900. Les transports, en particulier les chemins de fer, s'améliorent. La loi du 11 juin 1842 a posé les bases de la constitution du premier réseau français en instituant les lignes qui forment encore aujourd'hui les grandes artères de la circulation ferroviaire française. Neuf grandes lignes partant de Paris sont concédées — sur Nancy et Strasbourg, Lyon et Marseille, Bourges et Toulouse, Tours, Bordeaux et Bayonne, Nantes, Rouen et Le Havre, Lille et la Belgique — ainsi que deux tranversales : de Bordeaux à Marseille par Toulouse et de Mulhouse à Dijon. La première ligne télégraphique entre Paris et Rouen date de 1845. Enfin, la naissance et le développement des agences de presse, en France l'agence Havas, permettent d'alimenter les journaux en informations dont ils n'auraient pu disposer par ailleurs que très difficilement.

Sur le plan juridique, la presse de la première moitié du XIXe siècle a été ballottée entre un certain libéralisme et une mise sous tutelle, au gré des gouvernements en place qui lui reprochaient souvent de rendre difficile l'exercice du pouvoir. Raison d'État et liberté de la presse ont rarement fait un couple harmonieux ! Ainsi, de 1815 à 1848, dix-huit lois ou ordonnances sont promulguées concernant la presse, les unes répressives, les autres libérales. La loi du 11 mai 1868 qui supprime l'autorisation préalable et les avertissements va lui laisser le champ libre pour l'expansion sans précédent qu'elle connaîtra à partir de la naissance de la IIIe République.

2. L'âge d'or : 1870-1914

Comme au cours des décennies précédentes, l'évolution de la presse durant la période 1870-1914 a été rendue possible grâce à une série de facteurs parmi lesquels il convient de mentionner le développement ou l'amélioration des techniques servant à la composition ou à l'impression des journaux (linotype, clichage cylindrique, barres de retournement et triangle de pliage sur les rotatives, augmentation du nombre des imprimeries), les découvertes nouvelles qui seront utilisées pour la confection et la sortie des journaux (photographie, électricité, utilisation croissante du télégraphe électrique). Les lois de Jules Ferry prescrivant, en 1882, la gratuité et l'obligation de l'instruction primaire ont également permis à la presse de devenir peu à peu un produit de consommation courante.

Sur le plan juridique, la loi du 29 juillet 1881 marque le point d'aboutissement de cette liberté d'exister que la presse n'a cessé d'arracher aux gouvernements depuis sa naissance. Selon les termes d'Eugène Lisbonne qui, en 1879, a été le rapporteur des propositions de réforme de la presse à la Chambre des députés, elle est « une loi d'affranchissement et de liberté », et la circulaire du 9 novembre 1881 va encore plus loin en indiquant que « c'est une loi de liberté telle que la presse n'en a jamais eu en aucun temps ». Cependant, malgré toutes ses qualités, en particulier l'institution d'une liberté totale des journaux par rapport au pouvoir politique, cette loi n'a pas envisagé de les protéger contre les puissances d'argent : une omission qui pèsera lourd sur certains journaux de l'entre-deux-guerres et qui commandera bien des décisions en 1944, au lendemain de la Libération.

L'ensemble de ces facteurs va permettre à la presse française d'atteindre le premier rang dans le monde d'après les tirages. Selon Pierre Albert [15, tome 3, p. 137], celui de la presse parisienne s'élevait à un peu plus d'un million d'exemplaires en mai 1870. Dix ans plus tard, ce chiffre a doublé et, en 1910, il atteint près de 5 millions. En quarante ans, elle a donc multiplié son tirage par cinq tandis que, durant la même période, le nombre des titres ne faisait que doubler : 37 en 1870 ; 70 en 1910.

Quelles sont les caractéristiques de cette presse ? Il faut d'abord noter que quatre quotidiens arrivent largement en tête, avec un million ou plus d'exemplaires chacun en 1914 : *Le Petit Journal*, qui dépasse déjà le million d'exemplaires en 1900 mais dont le développement se trouve compromis par ses positions antidreyfusardes ; son concurrent immédiat, *Le Petit Parisien*, de 690 000 exemplaires en 1890, atteint au moment de la Première Guerre mondiale le chiffre de 1,5 million d'exemplaires et devient ainsi le plus fort tirage des journaux du monde ; *Le Matin* passe de 90 000 en 1900 à 900 000 exemplaires en 1914, et *Le Journal* dépasse le million d'exemplaires. Durant cette période, la presse française présente aussi une extrême variété sur le plan politique. On trouve à gauche, de tendance socialiste ou radicale, *Le Cri du peuple*, *L'Humanité*, *Le Rappel*, *L'Action*, *La Justice*, *L'Aurore* ; au centre, *Le Journal des débats*, *Le Temps*, *Le Figaro* ; à droite, *L'Intransigeant*, *La Liberté*, *La Patrie*, *La Presse*. Parmi les journaux catholiques, on retiendra *L'Univers*, *La Défense sociale et religieuse*, *Le Monde* et *La Croix*.

La presse de province connaît également une multiplication de ses titres, surtout constitués de feuilles locales tri-, bi-, ou hebdomadaires. Les quotidiens commencent à rayonner autour des grandes villes et leur développement s'accroît rapidement, grâce notamment aux fils spéciaux qui les relient aux bureaux parisiens, et à la desserte des villes secondaires par le chemin de fer. En 1874, trente départements n'éditent aucun quotidien. A la veille de la Première Guerre mondiale, ils n'étaient plus que dix-huit. A la même date, une vingtaine de titres dépasse les 100 000 exemplaires : *Le Progrès* à Lyon, *L'Ouest-Éclair* à Rennes, *La Petite Gironde* à Bordeaux, *La Dépêche* à Toulouse, *L'Écho du Nord* et *Le Réveil du Nord* à Lille...

3. L'entre-deux-guerres

Toute guerre opère dans la société des transformations dont les répercussions se font sentir sur toutes les institutions et, parmi elles, évidemment aussi la presse. La Première Guerre mondiale a d'abord marqué un arrêt dans l'évolution des tirages. Elle a aussi provoqué la disparition d'un certain nombre de titres, obligeant ceux qui parvenaient à survivre à paraître sur un nombre réduit de pages. Enfin, elle a transformé, en raison de l'instauration de la censure, les relations que les lecteurs entretenaient avec leur journal.

Au lendemain de l'armistice, on assiste à une sorte d'éclatement du marché qui conduit les journaux à faire preuve d'ingéniosité pour attirer ou retenir les lecteurs. A côté de l'information politique, d'autres rubriques, plus attrayantes et couvrant plusieurs spécialités, sont créées. C'est l'époque des grands reportages, des pages spéciales réservées aux faits divers mais aussi aux sports, à l'aviation, aux spectacles, au cinéma, à la littérature, aux femmes.

L'augmentation du nombre de pages qui en résulte nécessite de la part des entreprises de presse des investissements très coûteux dans des machines capables de sortir très rapidement les journaux. L'emploi généralisé du bélinographe à partir de 1925 pour l'illustration va rendre les journaux plus attrayants mais oblige en même temps chaque entreprise à se doter d'un service de photogravure. En outre, la recherche de l'information devient plus chère et l'augmentation brutale du papier en 1920 ainsi que des charges salariales vont contribuer à hypothéquer dangereusement la trésorerie des journaux, condamnant certains à disparaître et d'autres à conclure des alliances douteuses avec des milieux d'affaires ou des milieux politiques pour survivre.

A côté de ces handicaps d'ordre économique, la presse quotidienne commence également à affronter la concurrence, en particulier celle de la presse spécialisée et de la radio.

La naissance des magazines spécialisés abondamment illustrés a présenté à cette époque une mutation aussi importante que la naissance de la presse populaire et bon marché à la fin du XIXe siècle. Cette nouvelle presse couvre un éventail très large depuis l'information générale, l'évasion, le sport, le cinéma, la radio. La multiplication de la presse des jeunes et de la presse féminine date également de cette époque. Par ailleurs, la lente dépolitisation des grands quotidiens d'information consacre le succès des hebdomadaires politiques. *Marianne, La Lumière, Candide* ou *Gringoire* reflètent de manière plus nette que *L'Œuvre, Le Populaire, L'Action française* ou *L'Intransigeant* les positions politiques de la gauche socialiste et radicale ou de la droite. Quant à la radio, elle commencera à connaître à partir de 1930 un développement qui sera remis en cause avec la guerre.

Dans ce panorama en demi-teinte, seuls la presse de province et le groupe Prouvost échappent à la morosité.

Grand industriel en textile dans le Nord, Jean Prouvost avait fait son entrée dans la presse en rachetant en 1924 *Paris-Midi*, fondé le 7 février 1911. Le 16 avril 1930, il rachète également *Paris-Soir* qui, avant de devenir un quotidien d'information générale le 4 octobre 1923, a d'abord été un quotidien financier. Avec l'aide d'une rédaction composée de journalistes de talent, parmi lesquels Pierre Lazareff, le futur directeur de *France-Soir*, il transforme complètement le journal en usant des gros titres et des photos et en créant sans cesse de nouvelles rubriques au fur et à mesure que le nombre de pages augmente : sports, informations générales et faits divers rivalisent souvent avec l'information politique. Les résultats ne se font pas attendre : de 60 000 exemplaires en 1929, le tirage passe à 134 000 en 1931, à un million en 1933, à 1,8 million en 1934 et à 2 millions à la veille de la Seconde Guerre mondiale. L'une des causes de l'affaiblissement des autres quotidiens et en particulier des cinq grands (*Le Petit Parisien, Le Petit Journal, Le Matin, Le Journal* et *L'Écho de Paris*) se trouve dans le succès de *Paris-Soir*. Deux autres titres firent également la renommée du groupe : l'hebdomadaire illustré féminin *Marie-Claire*, fondé le 3 mai 1937, et *Match*, qui a été créé en novembre 1926 et racheté par Prouvost à Léon Bailby, le directeur de *L'Intransigeant*. En 1939, leurs tirages s'élevaient respectivement à 900 000 et à 1,4 million d'exemplaires.

Quant à la presse de province, elle a vu également la disparition de plusieurs de ses titres au lendemain immédiat de la guerre. Mais ses tirages augmentent. En 1939, 19 titres tirent à plus de 100 000 exemplaires. Plusieurs raisons expliquent ce succès. Tout d'abord, une certaine désaffection par rapport à la presse parisienne qui devient de plus en plus une presse de complément. La multiplication des éditions locales lui permet en outre de conquérir une clientèle qui, habituellement, n'avait pas l'habitude d'acheter un quotidien. Enfin, il ne faut pas négliger le rôle joué par l'automobile pour la diffusion du journal dans les villages les plus reculés. En 1939, le tirage des quotidiens de Paris et celui des quotidiens de province se trouvent à égalité avec un total de 6 millions d'exemplaires chacun. Le déclenchement de la Seconde Guerre mondiale va bouleverser toutes les données. Cette guerre a marqué un tournant capital dans l'histoire de la presse française car elle a remis tous les compteurs à zéro.

4. La rupture de la Libération

Plus de quarante ans après la Seconde Guerre mondiale, on imagine mal la véritable révolution qui s'est effectuée dans la presse à cette époque. L'événement a créé une situation originale pour laquelle on ne dispose d'aucun point de comparaison. *Tout s'établit dans la différence.*

Si la Première Guerre mondiale a provoqué la disparition de certains titres, ceux qui ont traversé l'épreuve ont pu continuer de paraître normalement sous la direction des mêmes hommes après la signature de l'armistice. A la Libération, en 1944, rien de tel. Certes, l'ordonnance du 6 mai 1944 rétablit la liberté de la presse, mais cette liberté devait s'exercer sous certaines conditions qui ont été fixées aux commissaires de la République et aux préfets pour qu'ils les mettent en vigueur au fur et à mesure de la libération du territoire. Les règles édictées par l'ordonnance du 30 septembre 1944 comportent « l'interdiction de paraître : a) pour les journaux et périodiques qui ont commencé de paraître après le 25 juin 1940 ; b) pour les journaux et périodiques qui, existant le 25 juin 1940, ont continué à paraître plus de quinze jours après l'armistice en zone nord ; plus de quinze jours après le 11 novembre 1942 en zone sud ».

L'armistice, qui avait été signé le 22 juin 1940, coupait la France en deux. La plupart des journaux parisiens se sont alors repliés en zone libre. Celle-ci est occupée à son tour par les troupes allemandes après le débarquement des Alliés en Afrique du Nord, le 8 novembre 1942. La censure de Vichy demanda aux journaux de désavouer l'agression anglo-américaine, mais la plupart préférèrent se saborder plutôt que d'apporter leur caution à un gouvernement soumis à l'occupant. Derrière les dates mentionnées dans l'ordonnance se dessinent clairement les intentions du législateur concernant les orientations futures de la « nouvelle presse ». En aucun cas, elle ne devait avoir été contaminée par l'occupant. Mais, en même temps, elle devait également être affranchie des « puissances d'argent », et plusieurs historiens ont montré que les « quinze jours après le 11 novembre 1942 » n'étaient pas tout à fait innocents. Il fallait à tout prix empêcher *Le Temps*, qui avait cessé sa parution avec le numéro daté du 29-30 novembre 1942 et qui était accusé d'être le journal des trusts, le journal du Comité des Forges, de reparaître à la Libération.

Cette rupture, cette « table rase », a constitué de l'avis de l'un des acteurs de cette époque, Francisque Gay, directeur de *L'Aube*, « une révolution sans précédent. Jamais dans l'histoire moderne, pareille suppression de *toute* la presse d'un pays et la création d'une presse entièrement nouvelle ne se sont encore produites ». Sur 206 quotidiens paraissant en France en 1939 (31 à Paris, 175 en province), 28 seulement peuvent reparaître à la Libération : 7 à Paris (*L'Aube, Ce Soir, L'Époque, Le Figaro, L'Humanité, Le Populaire* et *La Croix*) et 21 en province (*Le Bien public* et *La Bourgogne républicaine* à Dijon, *Le Courrier de Bayonne, Le Courrier de Saône-et-Loire* à Chalon-sur-Saône, *La Croix du Nord* à Lille, *L'Est républicain* à Nancy, *La France du Centre* à Orléans, *Havre-Éclair, Les Dernières Nouvelles d'Alsace, Le Journal d'Alsace et de Lorraine, Le Nouveau Journal de Strasbourg, Le Nouvel Alsacien* et *La Presse libre* à Strasbourg, *Le Journal de la Corse* à Ajaccio, *Le Lorrain, Le Messin* et *Le Républicain lorrain* à Metz, *La Montagne* à Clermont-Ferrand, *Le Populaire du Centre* à Limoges, *Le Progrès* à Lyon et *L'Union républicaine de la Marne* à Châlons-sur-Marne). Deux titres font cependant exception aux conditions imposées par l'ordonnance du 30 septembre 1944 : *La Montagne* qui a cessé de paraître le 28 août 1943 et qui sera autorisé à reparaître en raison de son rôle et de celui de son directeur, Alexandre Varenne, en faveur de la Résistance ; *La Croix*, qui a publié son dernier numéro sous l'Occupation le 22 juin 1944, en faveur de laquelle le général de Gaulle prononce le *nihil obstat* et qui peut reparaître à partir du 1er février 1945.

Deuxième différence par rapport aux lendemains de la Première Guerre mondiale : l'éclosion des quotidiens de partis qui succède au développement de la presse commerciale à grand tirage durant l'entre-deux-guerres. L'autorisation préalable sans laquelle aucun titre ne peut paraître et qui ne sera supprimée que par la loi du 28 février 1947, n'est accordée qu'aux journaux issus de la Résistance ou patronnés par des partis politiques. Ceux-ci ont pu obtenir une répartition supplémentaire de titres grâce au contrôle qu'ils exerçaient sur certains mouvements de résistance. Par exemple, le Front national dépendait du parti communiste et le Mouvement de libération nationale (MLN) était très proche du parti socialiste. Les chiffres donnés par Gaston Defferre, ministre de l'Information, le 13 mars 1946 à l'Assemblée constituante, parlent d'eux-mêmes : « Avant la guerre, les communistes détenaient quatre grands quotidiens, les socialistes trois, le MRP deux. Depuis la Libération, les communistes détiennent 51 grands quotidiens, les socialistes 34, le MRP 27. » Dans les métropoles régionales et dans la plupart des villes de moyenne importance, on voit apparaître des journaux qui reflètent la totalité des sensibilités politiques. Par exemple, Toulouse compte en 1944 sept titres contre quatre en 1939 ; Rennes, quatre contre deux ; Troyes, cinq contre trois ; Bordeaux, sept contre trois, etc.

Troisième différence par rapport à 1939 : le statut de l'entreprise de presse. Déjà *Les Cahiers politiques*, l'organe du « Comité général d'études » créé par Jean Moulin pour servir de lieu de réflexion à la Résistance, avaient posé dès 1943 les jalons d'une moralisation des entreprises et des journaux en indiquant notamment qu'un « journal ne doit pas être considéré comme une entreprise industrielle ou commerciale ; il doit s'interdire de faire des bénéfices ». Cette idée fera son chemin et sera reprise notamment par la Fédération de la presse qui proclame le 24 novembre 1945 : « La presse n'est pas un instrument de profit commercial. Elle est libre quand elle ne dépend ni de là puissance gouvernementale ni des puissances d'argent, mais de la seule conscience des journalistes et des lecteurs. » Aux antipodes des critères d'exploitation des journaux d'avant-guerre, cette idée généreuse et utopique pèsera très lourd sur l'évolution de la presse issue de la Libération. En effet, trois ans après la fin de la guerre, la plupart des titres ont déjà disparu. En décembre 1944, il y avait 19 quotidiens à Paris et 34 en 1945. En 1946, le chiffre est tombé à 22 ; à 20 en 1947 et à 16 en 1948. Dans les villes de province, les disparitions suivent les mêmes cadences. Quelles en sont les causes ? Elles sont à la fois économiques et juridiques.

On a parfois mentionné l'inexpérience de ces journalistes qui se sont emparés des entreprises de presse, mitraillette à la main, au moment du départ des Allemands. Certes, beaucoup d'entre eux avaient tout à apprendre. Mais les journaux ont connu, au début, une période de prospérité. Paraissant sur une seule page, ils coûtaient fort peu cher et leur prix de vente était, d'une manière générale, supérieur aux autres produits. Mais, au fil des mois, devant l'inflation et l'augmentation des charges, les dérapages financiers vont se succéder et les faillites se multiplier, obligeant certains titres à disparaître ou à s'allier avec des concurrents plus puissants. Au début, tous les quotidiens parisiens avaient un tirage uniforme de 50 000 exemplaires mais, peu à peu, grâce à des combines et à l'achat du papier au marché noir, certains pourront tirer à 250 000 ou 300 000 exemplaires. A partir de 1947, lorsque, dans de nombreux secteurs de l'économie, la concurrence reprend ses droits, la publicité va devenir plus importante et aller évidemment vers les titres qui connaissent les plus gros tirages, creusant ainsi rapidement des écarts qui commençaient à se dessiner. Enfin, il y a le rôle du lecteur qui, une fois éteints les lampions des idéaux de la Résistance, a préféré retourner vers la presse d'information plutôt que de subir chaque jour les discours idéologiques de la presse des partis.

Du point de vue juridique, on pouvait penser que la suppression de l'autorisation préalable par la loi du 28 février 1947 pouvait offrir aux groupes financiers une brèche dans laquelle ils allaient s'engouffrer pour jouer de nouveau un rôle dans l'économie de la presse. Mais l'article 2 de cette loi préservait les orientations de la presse née à la Libération et les intérêts de ceux qui la dirigeaient. « En attendant les mesures législatives portant nouveau statut de la presse, sont et demeurent sans effet tous actes qui porteraient atteinte aux droits et à la situation existante de tous ceux qui, en vertu de l'autorisation qu'ils ont obtenue, à titre individuel ou collectif, de faire paraître un journal ou écrit périodique, en assurent l'administration, la direction ou la rédaction. »

Si cet article empêche les groupes financiers d'investir dans la presse, il n'empêche pas ceux qui ont obtenu l'autorisation de paraître de tirer des avantages financiers des journaux. Ainsi, l'idéal de la « presse libre », qui était de remplacer la notion de profit par la notion de service aux lecteurs, sera peu à peu détourné de son orientation première. Grâce à cet article, les possesseurs de journaux pourront le plus légalement du monde enfreindre la loi et faire triompher leurs intérêts personnels. Lorsque, le 5 août 1954, devant l'impossibilité de faire voter un véritable statut de la presse, sera votée la loi de Moustier, qui permet aux journaux de disposer des biens qui leur avaient été remis par l'État à la Libération et d'indemniser les anciens propriétaires, les entreprises de presse redeviendront des entreprises commerciales. Comme le notait déjà Hubert Beuve-Méry en 1947, parce qu'au « libéralisme on substituait l'étatisme, à des trusts privés, des trusts de partis, aux méfaits de l'argent, les méfaits de la politique », la presse issue de la Libération a manqué son rendez-vous avec l'histoire pour créer une situation originale ayant quelque chance de durer. D'ailleurs, le pouvait-elle ? Quoi qu'il en soit, la presse nationale et la presse de province, qui ont suivi à peu près les mêmes cheminements au lendemain de la guerre, vont désormais se développer avec leurs caractéristiques propres.

II / La presse quotidienne nationale

« Il est fort improbable que Paris, en 1980, puisse supporter plus de quatre quotidiens. » « Dans la plupart des grandes villes évoluées du monde, il n'y a plus qu'un ou deux ou trois, au maximum quatre quotidiens. En France, à Paris, il y en a encore une dizaine, ce qui est beaucoup trop... Pour qu'il en reste quelques-uns de solides, il faudra que d'autres disparaissent. » Ces deux diagnostics posés en 1971 et en 1973 par deux spécialistes de la presse, Daniel Morgaine et Jean-Louis Servan-Schreiber, montrent combien les prévisions en matière de presse sont difficiles. Sur les 63 quotidiens qui ont existé à Paris depuis la Libération, il n'en reste plus que neuf depuis la disparition du *Matin de Paris*. Trois d'entre eux sont antérieurs à 1939 : *La Croix, Le Figaro* et *L'Humanité* ; trois sont parus au lendemain de la Libération : *France-Soir, Le Monde* et *Le Parisien libéré* ; enfin, deux titres également ont été fondés dans la décennie 1970-1980 : *Libération* et *Le Quotidien de Paris*, et un après 1980 : *Présent*.

1. 1944-1947 : les espérances déçues

L'évolution des quotidiens parisiens durant cette période, qui pourrait être définie comme celle des espérances déçues en raison de la faillite rapide des idéaux de la presse de la

Résistance, s'inscrit d'abord dans les chiffres. On a vu comment la Libération a opéré une « table rase » par rapport au passé et donné naissance à une nouvelle presse. En 1944, Paris compte 19 quotidiens et 34 en 1945. Mais cette floraison est assez éphémère et les disparitions se succèdent : 3 en 1945, 11 en 1946, 3 en 1947 et 3 en 1948. Ces disparitions sont provoquées par une série de facteurs qui, s'ajoutant les uns aux autres, créent un environnement défavorable au développement des journaux.

Sur le plan politique, la guerre avait réuni dans la résistance à l'ennemi des hommes de toutes opinions politiques. A la Libération, cette unité s'était retrouvée dans les cabinets ministériels. Mais elle disparaîtra assez vite. Le 4 mai 1947, le président du Conseil, Paul Ramadier, renvoie les ministres communistes du gouvernement, mettant fin au tripartisme né le 23 janvier 1946, trois jours après le départ du général de Gaulle du pouvoir. C'est également en 1947 qu'une scission s'opère dans la CGT, donnant naissance au syndicat Force ouvrière. Ce qui se traduit par des polémiques virulentes par exemple entre *L'Humanité* et *Le Populaire*, ou des dissensions et des clivages entre journalistes socialistes et communistes dans des journaux comme *Franc-Tireur* et *Libération*, le quotidien d'Emmanuel d'Astier de la Vigerie.

Autre crise qui a des conséquences fatales sur la vie des journaux parisiens : la faillite des Messageries françaises de presse.

Avant la guerre, Hachette s'était assuré le monopole de la distribution de la presse. Comme pour les journaux accusés de collaboration, la Résistance décide d'en finir avec le fameux « trust vert ». Le 1er septembre 1944, il est constitué un Groupement national de distribution des journaux français, qui est remplacé le 5 janvier 1945 par les Messageries françaises de presse. Elles sont dirigées par Georges Vallois, l'administrateur communiste de *Franc-Tireur*. Malgré la progression de leur activité, elles n'arriveront jamais à s'imposer. A la fin de 1946, leur déficit d'exploitation atteint déjà le chiffre de 500 millions de francs de l'époque (environ 170 millions de francs de 1988) : ce qui était dramatique pour les journaux. En effet, déjà en temps normal, ces derniers sont obligés de consentir des avances énormes sur leur trésorerie dans la mesure où ils paient régulièrement les salaires des journalistes, les fournitures diverses pour la sortie quotidienne du journal (papier, encre, etc.) et que les Messageries ne leur règlent le prix des journaux qu'après un important retard tenant aux retours et au décompte des invendus.

Parmi les causes de la faillite des Messageries, on mentionnera les tensions politiques à l'intérieur de l'entreprise. Par ailleurs, le passage du prix de vente du numéro à 4 F en juillet 1946 et la diminution des ventes qui en a résulté, l'augmentation des salaires ont certainement contribué à l'affaiblir. Mais c'est surtout la création de L'Expéditive, une société de messageries rivale fondée à l'instigation de Hachette qui, grâce à son expérience dans la distribution et à l'apport de gros capitaux, va précipiter leur chute. Peu à peu des quotidiens comme *Combat, Paris-Matin, Résistance, Le Parisien libéré, Le Populaire* et de nombreux périodiques abandonnent les Messageries françaises de presse qui, en février 1947, avec la grève des rotativistes, se trouvent pratiquement en état de cessation de paiements.

Cette grève constitue le troisième facteur qui a précipité la ruine des journaux issus de la Libération. La France se trouvait alors aux prises avec une inflation très importante. Du 1er juillet au 31 décembre 1946, les prix avaient augmenté de 80 % ! Devant cette montée brutale du coût de la vie, les ouvriers du livre demandent une augmentation de 25 % de leurs salaires. Mais, comme l'affirme, début janvier 1947, un communiqué de la Fédération nationale de la presse française, « l'élévation du prix de revient du journal, due notamment aux nouveaux prix du papier, met la plupart des journaux dans l'impossibilité matérielle d'assurer des charges nouvelles ». Des grèves perlées affectent durant ce mois de janvier la sortie de quelques journaux comme *Front national, Libération, Franc-Tireur* et *Combat*. Malgré les travaux d'une conférence nationale réunie à l'initiative de la Fédération de la presse et regroupant les représentants de la presse, du gouvernement et du syndicat du livre, c'est l'impasse. La grève générale, décrétée le 13 février, ne s'arrête que le 14 mars suivant, soit un mois sans journaux à Paris. « Cette interminable grève, selon les termes d'Albert Camus dans *Combat*, a constitué pour tous les journaux une véritable hémorragie. » Certains ne s'en relèveront pas. Déjà dix titres avaient disparu en 1946. *L'Étoile du soir* ne reparaît pas à l'issue de la grève. *Libération-Soir* disparaît un mois plus tard, le 13 avril 1947, et *La Dépêche de Paris*, le 9 mai. Le 9 juillet 1948, *L'Ordre* disparaît à son tour. *Le Pays* fusionne avec *Ce Matin* le 1er avril tandis que *France libre* est absorbé par *L'Aurore* le 5 juillet, et *L'Intransigeant* par *Paris-Presse* le 1er octobre.

2. 1948-1958 : la consolidation

Après les années de désillusion de l'après-guerre, la période qui s'ouvre devant la presse parisienne sera celle de la consolidation, voire, selon certains historiens, d'un nouvel âge d'or. Son tirage, dont la baisse avait commencé à s'accentuer à partir de 1946 pour atteindre son niveau le plus bas en 1952 avec 3 412 000 exemplaires, connaît ensuite jusqu'à 1958 une progression. Elle s'explique par la conjoncture politique, en particulier les péripéties des nombreuses crises ministérielles de la IVe République qui viennent alimenter les colonnes du journal, et par le redémarrage de l'économie qui se traduit pour la presse par le développement de la publicité. Cette période est surtout dominée par la progression des titres apolitiques, par l'arrivée de puissances financières dans le capital de certains journaux et par la naissance ou le développement de moyens d'information (radio, télévision) qui viennent concurrencer la presse écrite.

« Les grands tirages ne vont plus comme autrefois aux feuilles de pure information, aux journaux apolitiques », constatait en 1946 Rémy Roure, rédacteur politique au *Monde*. Ce jugement était exact à l'époque, car la plupart des titres émanaient des partis politiques ou représentaient les idées de toutes les familles spirituelles du moment. Mais, comme on vient de le voir, la durée de vie de ces titres a été assez brève et, tandis qu'ils continuent de disparaître —

L'Époque (droite) le 18 novembre 1950, *L'Aube* (MRP) le 20 octobre 1951 et *Ce Soir* (communiste) le 1ᵉʳ mars 1953 —, on assiste à une progression des titres qui donnent le primat à l'information aux dépens des opinions politiques trop accentuées. Les seuls quotidiens qui augmentent leur tirage à partir de 1949 sont *Le Figaro, France-Soir, Le Parisien libéré* et *L'Aurore* qui absorbera tour à tour *France libre* et *Ce Matin-Le Pays*.

Autre évolution et même rupture par rapport aux idéaux de la Résistance : l'entrée des puissances d'argent dans les journaux, en particulier dans *Le Figaro, France-Soir* et *L'Aurore* et la naissance des groupes de presse.

Avant la guerre, *Le Figaro* est la propriété de Mme Cotnaréanu qui se réfugie en 1940 aux États-Unis, laissant à Pierre Brisson la responsabilité du journal qui, après s'être réfugié en juin 1940 à Lyon où il paraît jusqu'au 25 décembre 1942, est autorisé à reparaître à la Libération. A la fin des hostilités, sa propriétaire aurait voulu retrouver son journal : ce que refuse Pierre Brisson qui lui propose un accord respectant à la fois l'indépendance du journal et les intérêts financiers de Mme Cotnaréanu. Devant le refus de celle-ci, une longue bataille judiciaire s'engage où la loi du 28 février 1947, que certains ont appelée « loi Brisson », stipule que « sont et demeurent sans effet tous actes qui porteraient atteinte aux droits et à la situation existante de tous ceux qui, en vertu de l'autorisation qu'ils ont obtenue, à titre individuel ou collectif, de faire paraître un journal ou écrit périodique, en assurent l'administration, la direction ou la rédaction ». La propriétaire est donc obligée de composer avec la direction du quotidien et un accord intervient entre les deux parties qui permet à la fois de préserver l'indépendance de la rédaction et les intérêts de Mme Cotnaréanu. Celle-ci vend en 1950 pour 125 millions de francs la moitié des actions du *Figaro* à un groupe formé par Jean Prouvost et Ferdinand Beghin.

De son côté, Hachette, malgré ses difficultés avec le pouvoir à la Libération, fait son entrée dans la presse en prenant une participation dans *France-Soir* en 1947. Fondé sous l'Occupation le 14 juillet 1941 par Philippe Viannay,

Marcel Lebon et Robert Salmon, il publie 47 numéros dans la clandestinité et paraît au grand jour sous le titre *Défense de la France* à Rennes le 9 août 1944, puis à Paris le 22 août suivant avant d'adopter le titre « plus commercial » de *France-Soir* à partir du 8 novembre 1944. Imitant *Paris-Soir* dans sa forme et dans sa présentation, voire dans son titre, il connaît assez vite le succès sous la direction de Pierre Lazareff. Cependant, la faillite des Messageries françaises de presse et la grève de février-mars 1947 creusent dans sa trésorerie un tel trou qu'il lui faut chercher un partenaire sous peine de disparaître. Déjà en 1946, la société Publicis avait assuré le nantissement d'un prêt à la Société France Éditions et Publications fondée le 18 juillet 1945 et éditrice du journal. Lors d'une augmentation du capital en 1947, Jacques Schoeller, fils de l'ancien patron de Hachette, fait son entrée dans le journal et, au cours du conseil d'administration du 15 février 1949, Aristide Blank, le président-directeur général, est révoqué. Malgré une motion de la Fédération nationale de la presse française qui constate les « modifications consécutives à la pénétration de la Maison Hachette dans la société de ce journal et l'atteinte portée aux droits collectifs de l'équipe qui a obtenu à la Libération l'autorisation de paraître », malgré une commission d'enquête composée de trois députés MRP, un SFIO, un communiste et un PRL, et un procès intenté à la direction de *France-Soir*, Aristide Blank est débouté et doit laisser Hachette prendre une place de plus en plus importante dans le journal, jusqu'à y devenir majoritaire à partir de 1951, grâce à des fusions successives de sociétés des deux parties.

A la même époque, *L'Aurore*, qui présente extérieurement tous les signes de prospérité, voit aussi l'arrivée dans son capital d'un industriel, Marcel Boussac, le roi du coton. Fondé également dans la clandestinité où il publie son premier numéro en juillet 1943, ce quotidien voit son tirage grimper de 80 000 exemplaires à ses débuts à 183 000 exemplaires en 1946, 246 000 en 1947, 300 000 en 1948 après sa fusion avec *France libre* et 343 000 en 1949 après sa fusion avec *Ce Matin-Le Pays*. En 1955, avec une diffusion de 426 000 exemplaires, il est légèrement dépassé par *Le Figaro*

(452 000 exemplaires) mais devance très nettement *Le Monde* (165 000 exemplaires) et *Paris-Presse* (154 000 exemplaires). Le 15 mars 1951, le magnat du textile fait son entrée dans le capital du journal dont il acquiert 74 % pour la somme de 350 millions. Mais, comme Jean Prouvost au *Figaro*, le roi du coton n'intervient pas dans la rédaction du journal.

A la fin de cette décennie, un autre titre prestigieux du temps de l'ombre va couper ses liens avec ses origines clandestines : *Franc-Tireur*. Organe des Mouvements unis de Résistance (MUR), il est fondé en décembre 1941 et il regroupe dans son comité directeur diverses tendances politiques : communiste, socialiste et l'Union démocratique et socialiste de la Résistance (UDSR). Dans la lutte pour gagner des lecteurs, la rivalité entre *L'Humanité* et *Franc-Tireur* est très vive. Le parti communiste aurait voulu prendre le contrôle de son rival pour le fusionner ensuite avec *Libération*. En 1948, au cours d'un conseil d'administration, Marcel Fourrier, rédacteur en chef, et Georges-Eugène Vallois, administrateur, tous deux de tendance communiste, réclament pour eux la direction du titre. Mis en minorité, ils sont contraints de quitter le journal et sont suivis par une partie du personnel. Cette scission contribue à affaiblir le quotidien dont le tirage diminue progressivement : 279 316 exemplaires en 1948, 176 710 en 1950, 103 000 en 1955. Mais, à l'époque, avec un « bouillon », c'est-à-dire des invendus, de l'ordre de 30 %, sa diffusion n'était que de 75 000 exemplaires. En 1955, il est racheté par Cino del Duca, le roi de « la presse du cœur », qui transforme progressivement le titre en *Paris-Journal*, puis en *Paris-Jour* avec un demi-format ou tabloïd (42,5 × 30 au lieu de 60 × 42,5).

Dans cet affrontement entre les idéaux de la presse créée à la Libération et le pouvoir de l'argent, il faut reconnaître que ce dernier n'a pas toujours eu le dernier mot, comme en témoigne l'histoire du *Monde* au cours de cette période. Déjà en 1951, ce journal avait été secoué par une grave crise entre les dirigeants qui est dénouée par la victoire de Hubert Beuve-Méry sur ses deux protagonistes, René Courtin et Christian Funck-Brentano, et par la naissance d'une société de rédacteurs qui, à l'avenir, devient partie prenante dans le choix du directeur de la publication, évitant ainsi que la rédaction ne puisse être vendue avec le titre. Faute d'avoir investi *Le Monde* de l'intérieur, ses adversaires tentent de le déstabiliser en lui suscitant un concurrent dont les promoteurs proviennent des milieux industriel, journalistique et bancaire. Un certain monde politique y apporte sa caution par l'intermédiaire d'Antoine Pinay. *Le Temps de Paris* voit le jour le 18 avril 1956. Il publiera en tout 66 numéros et l'expérience aura coûté près de 800 millions de francs de l'époque. Mais cet échec ne décourage pas les initiatives. Le 11 avril 1957, Jacques Marteaux se lance à son tour dans l'aventure avec *Les Débats de ce temps* qui rappelle également dans son intitulé deux titres importants qui paraissaient avant la guerre : le *Journal des débats* et *Le Temps* que *Le Monde* a remplacé à la Libération. Son existence sera également de très courte durée puisqu'il arrête sa publication avec le numéro 37 daté du 24 mai 1957.

A l'évidence, il devenait difficile de concurrencer les journaux qui avaient pu surmonter les difficultés des années cinquante. Même *L'Express*, malgré des signatures aussi prestigieuses que celles de Pierre Mendès France, Albert Camus et François Mauriac, ne pourra pas non plus s'imposer. Devenu quotidien le 13 octobre 1955, il redevient hebdomadaire le 9 mars 1956.

3. 1959-1968 : les premiers craquements

Au cours de cette décennie, les quotidiens d'opinion continuent de disparaître. *Libération*, fondé dans la clandestinité en juillet 1941, qui est contraint d'accepter les subventions du parti communiste à partir de 1948, cesse de paraître le 27 novembre 1964. *Le Populaire*, quotidien socialiste dont la fondation remonte au 1er mai 1916, arrête sa parution quotidienne le 6 mars 1966. Parmi les créations, on notera les tentatives de *Vingt-Quatre Heures* de Marcel Dassault et de *Paris-Matin* de Robert Hersant. Leur existence sera assez éphémère puisque le premier ne dure que onze mois (5 octobre 1965-11 septembre 1966) et le second, un mois et demi (8 janvier-18 février 1964).

Au-delà de ces disparitions, les véritables caractéristiques de la presse quotidienne nationale au cours de cette décennie sont à chercher dans ses relations avec le pouvoir, l'évolution de son contenu et la tentative de certains journaux d'étendre leur zone de diffusion par la création d'éditions régionales.

La IVe République a été une période féconde pour les journaux. Les crises politiques et les changements de gouvernement ont alimenté régulièrement les colonnes des différents titres et nourri les chroniques et les commentaires. Certes, au temps de la guerre d'Algérie, il y aura plusieurs saisies de journaux. Mais le dialogue entre la presse et le pouvoir, même dans les moments de très forte tension, reste permanent.

L'avènement de la Ve République et l'arrivée au pouvoir du général de Gaulle vont déplacer cette relation que l'on peut résumer dans la suspicion qu'il avait, comme il le dira plus tard, le 27 juillet 1967 à Montréal, pour tout ce qui « grouille, grenouille et gribouille ». Même s'il y a moins de saisies de journaux depuis 1958, comme le déclare Louis Terrenoire, ministre de l'Information, au congrès de la Fédération nationale de la presse à Deauville en mai 1960, il n'en reste pas moins que la presse n'est plus l'interlocuteur privilégié du pouvoir. Dans une enquête intitulée « La République du silence » et publiée dans *Le Monde* du 28 avril au 2 mai 1960, Pierre Viansson-Ponté n'hésite pas à écrire que « la dégradation des libertés publiques se poursuit insensiblement et menace la liberté de la presse ». De son côté, dans *Le Figaro*, Pierre Brisson déclare sur le même ton : « On voudrait convaincre M. Debré — le général de Gaulle aussi d'ailleurs — que dans une démocratie, dans une nation libre et en France plus qu'ailleurs, rien ne peut se faire sans la presse et rien ne peut s'obtenir sans elle. » Mais tel n'est pas l'avis du général de Gaulle. Lorsqu'on évoque devant lui l'attitude peu favorable de la presse à son égard au moment de son retour aux affaires, il rétorque avec superbe : « Ils ont les journaux, moi, j'ai la télé. » Grâce au petit écran, il n'y a pas d'intermédiaire entre le peuple et lui. Le 23 avril 1961, lorsqu'il apparaît dans les foyers pour dénoncer le putsch « d'un quarteron de généraux en retraite », en quelques minutes, il met la France entière de son côté.

Le tirage des quotidiens parisiens, qui a connu son niveau le plus bas en 1952 avec un chiffre de 3 412 000 exemplaires, connaît une progression quasi régulière jusqu'à 1958 où il atteint le chiffre de 5 034 000 exemplaires. En 1959, en effet avec un chiffre de 3 980 000 exemplaires, il connaît une régression qui est due à deux augmentations presque successives du prix de vente du numéro : 0,20 F en décembre 1957 ; 0,25 F en février 1959. Mais les signes de la transformation de la presse parisienne sont à chercher ailleurs, en particulier dans l'érosion du lectorat de la presse populaire et dans la progression des autres journaux. Entre 1958 et 1968, la diffusion de *France-Soir* tombe de 1 128 000 exemplaires à 880 570 ; celle de *L'Aurore* de 369 400 à 326 583. Celle du *Parisien libéré* qui passe de 764 000 à 750 520 paraît moins importante, en raison notamment de plusieurs éditions régionales lancées à partir de 1960. Dans le même temps, *Le Figaro* passe de 392 000 à 424 200 exemplaires ; *La Croix* de 92 220 à 121 320 et surtout *Le Monde* de 164 355 à 354 982 exemplaires. Plusieurs facteurs expliquent cette évolution : la stabilité du prix du journal, soumis à l'autorisation du ministère des Finances — une seule augmentation, en 1963, de 1959 à 1967 —, l'industrialisation et l'urbanisation croissante du pays, la prolongation de la scolarité jusqu'à 16 ans, l'augmentation du nombre des étudiants dans l'enseignement supérieur et celle des cadres.

Autre caractéristique de cette décennie : la tentative de certains titres d'étendre leur zone de diffusion par la création d'éditions régionales. Certes, la plupart des quotidiens nationaux ont toujours eu dans les différentes régions des correspondants qui leur envoient régulièrement des articles sur ce qui se passe dans leurs secteurs. Mais, pour essayer de fidéliser l'immense lectorat potentiel qui se trouve en province, il faut l'intéresser plus souvent que par des articles occasionnels. De septembre 1966 à avril 1968, *Le Figaro* lance une édition spéciale dans les Bouches-du-Rhône, publiant tous les jeudis des informations économiques, culturelles et touristiques sur la région. Le 1er octobre 1966, *France-Soir* lance également sur le Val-de-Marne une édition intitulée *Val-de-Marne 94* qui, comme celle du *Figaro* à Marseille, ne survivra pas. Seul *Le Parisien libéré* connaît le succès avec la multiplication, à partir de 1960, des éditions régionales dans l'Oise, la Seine-et-Marne, l'Eure, l'Eure-et-Loire et le Val-d'Oise, et il sera ainsi un pionnier sur une voie dans laquelle s'engageront d'autres titres comme *Le Monde, Le Figaro*, et *Libération* dans la région lyonnaise en 1986.

4. 1969-1980 : la crise

Cette décennie a été jalonnée par une série de rapports qui ont en commun de révéler la crise qui frappe la presse : le rapport Lindon en 1970 sur le pouvoir spécifique des journalistes à l'intérieur d'une entreprise de presse, le rapport Noiret sur la publicité et le rapport Serisé sur les aides à la presse en 1972, le rapport Drancourt sur l'équilibre économique des entreprises de presse en 1974, le rapport Vedel sur la gestion des entreprises de presse en 1979. La même année, le syndicat de la presse hebdomadaire parisienne élabore également son rapport sur les problèmes actuels de la presse tandis qu'au Sénat un groupe spécial de travail étudie le même sujet et que le sénateur Goetschy, rapporteur du budget de l'Information, dépose une proposition de loi tendant à promouvoir une réforme du statut des entreprises de presse. De son côté, recevant le 2 octobre 1979 les dirigeants de la Fédération de la presse et de l'Union des syndicats de la presse quotidienne régionale, Raymond Barre annonce que le gouvernement va déposer un projet de loi créant une « Commission des entreprises de presse ». Mais tous ces textes et propositions n'ont pas eu beaucoup d'effets.

L'événement qui secoue la presse parisienne et qui vient révéler au grand jour à l'ensemble du pays l'ampleur de la crise qui frappe tous les titres, c'est la disparition de *Paris-Jour* le 26 janvier 1972. D'autres titres prestigieux ont déjà sombré ou vont le faire : *Paris-Presse* le 13 juillet 1970, le quotidien gaulliste *La Nation* le 11 juillet 1974, *Combat* le 30 août 1974. Certes, de nouveaux titres voient le jour, issus de mouvements contestataires nés en 1968 comme *L'Humanité rouge, Rouge* et *Le Quotidien du peuple*, se présentant comme la presse locale de Paris comme *L'Imprévu* et *La Tribune de Paris*, ou voulant concurrencer *Le Monde* comme *J'informe*. Si les quotidiens d'extrême gauche réussissent à durer deux ans ou plus, les trois autres titres ont une existence assez éphémère : quelques jours pour *L'Imprévu* (27 janvier-7-8 février 1975) et *La Tribune de Paris* (31 janvier-11 février 1977), trois mois pour *J'informe*, le quotidien de Joseph Fontanet (20 septembre-18-19 décembre 1977). Après la disparition du *Matin de Paris*, seuls deux titres lancés au cours de cette décennie continuent aujourd'hui de paraître : *Libération* et *Le Quotidien de Paris* lancés respectivement le 18 avril 1973 et le 4 avril 1974.

Ce sont les chiffres de diffusion qui révèlent surtout l'ampleur de la crise traversée par les quotidiens parisiens. A partir de 1969 et durant toute la décennie, ils sont en régression, avec une chute brutale en 1975 : 3,33 millions d'exemplaires en 1969 ; 3,28 en 1970 ; 3,21 en 1971 ; 2,89 en 1972 ; 2,92 en 1973 ; 2,93 en 1974 ; 2,36 en 1975 ; 2,31 en 1976 ; 2,32 en 1977 ; 2,30 en 1978 ; 2,19 en 1979 ; 2,13 en 1980. Seules les années 1973, 1974 et 1977 peuvent apparaître des années où la reprise semblent se dessiner. Mais les chiffres de ces années s'expliquent en partie par le lancement de *Libération*, du *Quotidien de Paris* et du *Matin de Paris* ou par le redémarrage du *Parisien libéré* qui passe de 310 409 exemplaires en 1976 à 359 512 en 1977. Du point de vue économique, tous les titres perdent de l'argent. Même *Le Monde* qui, pendant longtemps, avait semblé mieux résister que les autres, connaît le premier compte d'exploitation déficitaire de son histoire en 1977.

Les causes de cette longue crise sont évidemment multiples. Les faits qui se sont passés au cours de cette décennie permettent de les classer en trois catégories : économiques, sociales et humaines.

Parmi les causes économiques, on retiendra d'abord non seulement les augmentations de salaires à la suite des accords de Grenelle en mai 1968, mais aussi le dérapage de l'inflation et la très forte augmentation de la matière première servant à éditer un journal, en particulier le papier. En 1970, le prix du quintal s'élevait à 89,80 francs. En 1980, il a triplé pour arriver au prix de 267,60 francs. En 1974, il y aura trois hausses successives, le 1er janvier, le 1er mars et le 1er juillet, et son prix grimpe en six mois de 117,26 francs à 166,32 francs le quintal, soit une augmentation de 42 %.

Par ailleurs, la crise économique, qui a résulté de la crise pétrolière de 1973, a eu des répercussions sur les journaux, en particulier sur ceux qui bénéficiaient de larges recettes publicitaires. Pour *Le Monde*, par exemple, le pourcentage de la publicité a varié comme suit dans le pourcentage de son chiffre d'affaires net : 69,1 en 1971, 65,5 en 1972, 66,1 en 1973, 63,4 en 1974, 60,3 en 1975, 61 en 1976.

Autre facteur qui a contribué à affaiblir la presse quotidienne : l'autorisation de la publicité de marques à la télévision à partir du 1er octobre 1968. Encore faut-il noter que la diminution relative des recettes publicitaires dans la presse quotidienne durant cette période ne se fait pas uniquement au profit de la télévision mais aussi au profit de la presse périodique. Modeste au départ, la publicité à la télévision ira en croissant au fil des années, sans toutefois dépasser le plafond des 25 %, comme le lui impose la loi. Cependant, la loi de 1974, qui crée l'autonomie des chaînes, rend celles-ci plus agressives pour obtenir de la publicité. Même si la règle des 25 % n'est pas abolie, ce qui n'était, avant 1974, qu'une limite à ne pas dépasser devient désormais un objectif à atteindre.

Le climat social, face à toute perspective de modernisation susceptible d'entraîner des économies de production, mérite également d'être retenu dans les analyses. La meilleure illustration de ce problème se trouve dans l'histoire du *Parisien libéré*.

Le 22 février 1966, pour faire face à la concurrence de *Paris-Jour*, ce journal offre à ses lecteurs de Paris, de la Seine et de ce qui était encore alors le département de la Seine-et-Oise un journal sous deux formats : le format normal (60 × 42,5) et le demi-format (42,5 × 30). L'idée était de faire trancher par le lecteur le choix entre les deux. Mais aucune majorité ne se dégage vraiment et ce qui ne devait être qu'une étape transitoire pour la modernisation du journal devient très vite une charge supplémentaire. Cette situation dure jusqu'à novembre 1974. Frappé comme tous les autres titres par la crise, il aurait voulu renégocier les conditions de sa fabrication et de son impression, en insistant en particulier sur les activités du groupe qui, depuis 1966, a multiplié les éditions régionales et qui souhaite, de ce fait, se dégager des conditions de fabrication et d'impression de la presse parienne. C'était compter sans le puissant syndicat du livre qui, le 18 décembre 1974, refuse tout remaniement du régime salarial en vigueur. Estimant alors que le coût des éditions multiples n'est plus supportable, la direction annonce sa décision de renoncer à ces éditions et de ne plus imprimer qu'une seule édition en format tabloïd, avec, pour conséquence, la suppression de plus de 200 emplois parmi les typographes, les linotypistes, les rotativistes, les clicheurs. Le conflit dégénère aussitôt et dure jusqu'au 16 août 1977. De grèves en occupation de l'entreprise et en manifestations diverses (destruction des exemplaires du journal dans les rues de Paris, occupation des tours de Notre-Dame), on assiste à la chute de la diffusion du journal : 785 734 exemplaires en 1974, 302 511 en 1975, 310 409 en 1976.

Le troisième facteur qui a contribué à faire baisser la diffusion de la presse quotidienne est d'ordre humain : le changement de direction à la tête de certains journaux, en particulier *Le Figaro, France-Soir* et *L'Aurore*, qui marque également l'extension du groupe Hersant sur Paris.

De l'arrivée de Jean Prouvost en 1950 jusqu'à la mort de Pierre Brisson le 30 décembre 1964, l'histoire du *Figaro* se déroule sans heurts. Mais, après la mort du président de la société fermière, Jean Prouvost veut jouer un rôle plus important que celui qui lui a été assigné en 1950. Il estime en effet en avoir le pouvoir puisqu'il détient, avec Ferdinand Béghin, la presque totalité du capital après avoir acquis, en mai 1965, pour la somme de 20 millions de francs, les 29 076 actions détenues par Mme Cotnaréanu. Au début de 1968, les propriétaires font part de leur intention de dénoncer le contrat de la société fermière mise en place le 14 mai 1950 pour une durée de dix-neuf ans. De son côté, la société des rédacteurs du *Figaro*, créée en juillet 1965, adopte le 24 février 1968 une résolution dans laquelle elle affirme notamment que « l'intérêt du journal exige le maintien d'une société fermière avec tous ses pouvoirs tels qu'ils résultent des accords de 1950 ». Après des semaines de négociations et de tensions et en l'absence de tout accord, il est décidé de nommer un administrateur judiciaire. Le 15 décembre 1969, la société fermière est définitivement liquidée, mais le conflit ne prend officiellement fin qu'en mars 1971 lorsque la société du *Figaro* se transforme en société à conseil de surveillance et à directoire. Entre-temps, en juillet 1970, Jean Prouvost est devenu l'actionnaire majoritaire du journal avec 97,30 % du capital lorsque Ferdinand Béghin lui a vendu ses parts. Le nouveau propriétaire doit recourir à des emprunts assez importants pour payer les actions rachetées non seulement dans le capital du *Figaro* (30 millions), mais aussi dans *Paris-Match* et *Marie-Claire* (35 millions). Par ailleurs, le quotidien aurait perdu dix millions en 1974 et l'augmentation du prix du papier et les grèves de l'imprimerie Néogravure ont creusé les trésoreries des journaux du groupe.

Le 24 février 1975, au cours d'une réunion du conseil de surveillance, Jean Prouvost, alors âgé de 90 ans, annonce son intention de céder une partie des actions qu'il détient. La proposition suscite aussitôt les convoitises des managers et l'on voit apparaître sur le rang des acquéreurs possibles les noms de Jean-Jacques Servan-Schreiber, André Bettancourt, Roger Gicquel, alors PDG du groupe *La Vie française-L'Opinion*, et Simon Nora. Bayard-Presse est également sollicité. Après bien des négociations et des tractations, Jean Prouvost annonce le 30 juin son intention de signer avec Robert Hersant.

Malgré sa réputation de gestionnaire et d'homme de presse, le nouveau propriétaire mettra plusieurs années à redresser la barre, comme en témoigne la diffusion du *Figaro* qui ne commence à remonter qu'à partir de 1982.

Sous la direction de Pierre Lazareff, *France-Soir* est devenu, comme l'indiquent deux sous-titres successifs, « le plus fort tirage et la plus forte vente de tous les journaux français », puis « le seul quotidien français vendant plus d'un million ». Cependant si, en 1967, son tirage est encore de 1 347 510 exemplaires et sa diffusion de 1 019 060, comme tous ses confrères, il est aussi frappé par la crise. En 1968, sa diffusion n'est plus que de 880 570 exemplaires et, en 1980, elle est descendue à 460 085 exemplaires. Après la disparition de Pierre Lazareff, le 21 avril 1972, le journal connaît une succession de directeurs qui, malgré la valeur des personnes, n'est pas faite pour affronter une situation de crise : Jean Méo (1er août 1972-29 janvier 1974), Henri Amouroux (20 février 1974-10 mai 1975), Jean Gorini (30 mai 1975-17 août 1976). A la suite de plusieurs exercices déficitaires — les pertes de 1975 s'élevaient à 23 millions de francs —, le groupe Hachette décide de se séparer du journal. Il trouve, le 8 juillet 1976, un premier acquéreur en la personne de Paul Winkler, le PDG de l'agence Opera Mundi. Le 17 août suivant, celui-ci vend une participation de 50 % à Robert Hersant qui deviendra vite le seul propriétaire du journal.

Au moment où il publie son 10 000e numéro, le 4 octobre 1976, *L'Aurore* est un des rares quotidiens parisiens à voir sa diffusion progresser : 281 126 exemplaires en 1975, 300 508 en 1976. Pourtant, derrière cette apparente prospérité se cachent des fissures qui vont précipiter son déclin. Certes, après la disparition de Robert Lazurick, le 18 avril 1968, sa femme avait repris le flambeau, mais le journal continue à perdre de l'argent et ne peut survivre que grâce à *Paris-Turf* et aux largesses de son actionnaire principal, Marcel Boussac. Or, l'empire textile de ce dernier connaît aussi en 1976 des difficultés. Bientôt les rumeurs commencent à circuler : « Le roi du coton » veut, sous la pression des banques, se dessaisir de ses journaux. Il aurait sans doute pu trouver un acquéreur en Marcel Dassault, mais l'Élysée estime que ce dernier est trop proche de Jacques Chirac et les négociations sont interrompues. En prévision des élections législatives et présidentielles, il était important que le journal ne tombât pas entre n'importe quelles mains. Ce n'est que le 30 juin 1978 que le comité d'entreprise est informé que les négociations ont finalement abouti. Les deux titres du groupe, *L'Aurore* et *Paris-Turf*, sont cédés pour une somme avoisinant les 80 millions à un groupe d'acheteurs conduits par deux personnalités du commerce moderne : Marcel Fournier, PDG des hypermarchés Carrefour, et André Mentzelopoulos, président du groupe Félix Potin. Marcel Fournier, le nouveau PDG, ne fait qu'un passage très rapide à la direction de *L'Aurore* qu'il rétrocède à Robert Hersant. La procédure commence par un accord signé en septembre 1978 qui prévoit une coopération technique au niveau de l'impression et le couplage de la publicité commerciale et des petites annonces entre *L'Aurore, France-Soir* et *Le Figaro*. Après l'annonce de la démission, le 11 octobre 1978, de Mme Lazurick, « motivée par les conditions dans lesquelles a eu lieu récemment la vente de *L'Aurore* et par la situation spéciale qui en est, depuis, résultée », deux collaborateurs de Robert Hersant sont cooptés par le conseil d'administration du journal : André Boussemart, nommé à la tête des Imprimeries Richelieu, et Pierre Janrot qui devient le 3 novembre PDG de la société des Éditions France libre et directeur de *L'Aurore*.

En trois ans, c'est le troisième quotidien parisien qui passe sous le contrôle de Robert Hersant. Il le laissera décliner pour le fusionner progressivement, à partir de juillet 1979, avec *Le Figaro*, puis le faire disparaître le 5 novembre 1984 où il devient l'édition parisienne du *Figaro*.

5. Force et faiblesses de la presse parisienne

L'analyse des comptes d'exploitation, quand ils sont publiés, montre qu'en 1980 les quotidiens parisiens ont presque tous en commun des comptes d'exploitation déficitaires : *La Croix*, 9 millions ; *France-Soir*, 8 millions ; *Le Monde*, 7,5 millions ; *L'Humanité*, 4 millions ; *Le Matin de Paris*, 6,5 millions ; *Libération*, 557 000 F. Seul *Le Figaro* réalise des bénéfices, et *Le Parisien libéré* équilibre son budget après plusieurs années de déficit.

A partir de 1980, malgré un léger sursaut en 1981, lié aux élections présidentielles et législatives, le tirage global des quotidiens parisiens passe en dessous de la barre des trois millions d'exemplaires avec une légère remontée à partir de 1985. Mais, dès qu'on examine attentivement les titres, il apparaît que quatre seulement — *Le Figaro, Libération, Le Monde, Le Parisien libéré* — ont su retrouver un dynamisme qui leur a permis d'accroître leur diffusion. Cependant, les trois premiers ont connu, en 1987, un léger tassement de leurs ventes, surtout dans la capitale.

La politique des suppléments est une illustration des transformations qui ont modifié le visage de la presse parisienne à partir de 1977 et permis à certains titres de trouver des sources importantes de revenus en raison de l'attrait que ces nouveaux produits ont exercé sur les publicitaires. Cette politique, qui aura cependant des résultats différents selon les titres, consiste à utiliser le quotidien comme porte-avions et à faire décoller un ou plusieurs suppléments offerts gratuitement ou vendus à un prix très faiblement majoré.

Le Figaro a été le premier à lancer cette formule et à la mener à un niveau envié par beaucoup avec la création, le 1er octobre 1977, du *Figaro-Dimanche*. Dans un premier temps, celui-ci apparaît dans l'édition normale dont il constitue un ajout culturel traitant des domaines aussi divers que les lettres, les sciences, les loisirs, les arts, etc. L'expérience se révèle vite concluante puisqu'elle permet au journal de récupérer environ 10 % des lecteurs qu'il perdait le samedi dans les kiosques parisiens. Un an plus tard, le 7 octobre 1978, *Le Figaro-Dimanche* devient *Le Figaro Magazine* qui est désormais un supplément encarté dans le quotidien. L'ensemble est vendu 3,50 F au lieu de 1,60 F en semaine. Différent des *newsmagazines*, il ne tarde pas à drainer une importante publicité — environ un tiers du numéro à partir de 1979 — et, en même temps, il fait augmenter la vente du journal du samedi. Pour accroître le plan de charge de l'imprimerie ultra-moderne que Robert Hersant a construite à la Plaine-Saint-Denis, mais aussi pour concurrencer certaines publications du groupe Hachette, d'autres suppléments suivent. Certains, comme *Le Figaro Madame* qui commence à paraître le 26 avril 1980, se révèlent immédiatement des réussites tandis que d'autres sont des semi-échecs, comme *Le Figaro TV* qui a publié son premier numéro le 7 mars 1980 et qui, après avoir été arrêté en septembre 1981, a été relancé le 7 février 1987.

A côté de cette politique de suppléments, *Le Figaro* a accru son succès par un développement et un enrichissement systématiques d'un certain nombre de rubriques du journal comme l'économie, les médias, les sciences et techniques, les sports, la littérature, par la création de suppléments thématiques et le lancement d'un jeu, le Portfolio, destiné à promouvoir les pages économiques. Le 16 novembre 1987, un supplément autonome, paraissant tous les lundis et comportant de quatre à huit pages, fait son apparition à La Défense, dans les Hauts-de-Seine, et vise les cadres et décideurs travaillant dans ce quartier. En 1986, il se lance dans une autre expérience : la conquête des villes de province. Le démarrage a eu lieu à Lyon le 1er septembre.

Cette politique de diversification qui semble avoir porté ses fruits puisque la diffusion du *Figaro* ne cesse de monter depuis 1981 — 336 030 exemplaires en 1982, 343 736 en 1983, 361 205 en 1984, 366 172 en 1985 et 443 006 en 1987 — semble marquer le pas en 1988 où la diffusion est descendue à 432 225 exemplaires. Dans le même temps, la diffusion des suppléments le samedi est passée de 606 946 exemplaires en 1982 à 671 035 en 1983, 678 035 en 1984, 714 512 en 1986 et 665 094 en 1988.

Le début des années quatre-vingt a été dramatique pour *Le Monde*. La plupart des observateurs se sont demandé si le prestigieux quotidien de la rue des Italiens n'était pas en train de sombrer corps et biens après avoir été le fleuron de la presse française. De 1982 à 1984, son déficit cumulé s'est élevé à 110 millions de francs et, de 1980 à 1985, sa diffusion est tombée de 445 372 à 357 117 exemplaires, avec une diminution de 7 % de ses lecteurs de 1983 à 1984.

Le Monde a effectué à l'intérieur du journal des développements dont certains sont identiques à ceux du *Figaro* : création d'un supplément dominical qui est encarté dans le numéro de fin de semaine à partir du 16 septembre 1979, d'une édition spéciale Rhône-Alpes le 27 janvier 1986 et de suppléments thématiques hebdomadaires : affaires, radio-télévision... Mais c'est surtout le plan drastique de redressement mis en place par le nouveau directeur, André Fontaine, qui a permis au *Monde* de regarder l'avenir avec une certaine confiance, même s'il lui reste à régler la succession de l'actuel directeur.

Ce plan a comporté plusieurs facettes et il a touché tous ceux qui s'intéressaient au *Monde*, à commencer par les lecteurs. En deux mois, ils ont supporté deux augmentations du prix du numéro qui passe de 4 F à 4,20 F le 25 janvier 1985 et à 4,50 le 2 avril suivant. Le 24 avril, un accord avec le Syndicat du livre prévoit la suppression de 140 postes de travail auxquels viennent s'ajouter 230 autres emplois à l'intérieur du journal. Le 29 mai, la société des rédacteurs accepte le plan de restructuration qui prévoit une économie de 104 millions de francs par an sur trois ans, la filialisation de certaines activités comme la publicité, la vente des immeubles dans lesquels se trouve le journal et l'ouverture du capital à des partenaires extérieurs : la société des lecteurs, constituée le 7 octobre 1985, et la société Le Monde Entreprises composée au départ de vingt-trois personnes physiques et morales admises le 27 février 1986. A la suite de cette restructuration, le capital du *Monde* est porté à 620 000 F divisés en 1 240 parts réparties comme suit : le groupe des fondateurs (associés A), 400 parts ; la société des rédacteurs (400 parts), des cadres (63 parts), des employés (51 parts) (associés B) ; le gérant, 86 parts (associé C) ; la société des lecteurs (140 parts) et Le Monde Entreprises (100 parts) (associés D). Depuis le 14 septembre 1989, le journal est totalement imprimé à Ivry et, le 22 septembre suivant, il a offert à ses lecteurs sa nouvelle formule en trois cahiers auxquels viennent s'ajouter des cahiers thématiques trois fois par semaine : arts et spectacles le jeudi, livres et idées le vendredi et le supplément radio-télévision dans le numéro du week-end. En 1988, il est redevenu le troisième quotidien français après *Ouest-France* et *Le Figaro*.

Comme ses deux confrères, *Libération* s'est également lancé dans la conquête de la province avec la sortie de l'édition lyonnaise le 8 septembre 1986. Mais le succès du quotidien de Serge July est à chercher ailleurs. Il a su s'adapter à une certaine génération et capter des publics à travers ses pages où les enquêtes, les reportages, le primat de l'information factuelle emportent l'adhésion de lecteurs nouveaux. Il fait désormais partie des quotidiens diffusant à plus de 100 000 exemplaires et sa diffusion est en progression constante : 116 682 exemplaires en 1984, 138 536 en 1985, 165 539 en 1986 et 192 705 en 1988. Après avoir connu un déficit de 9,5 millions de francs en 1986 et de 28,5 millions en 1987, dû principalement à des investissements non rentables dans une radio locale et à la baisse des consultations de son service télématique, il a réalisé 16,1 millions de bénéfices en 1988. Cependant, avec une diffusion de 9 130 exemplaires (OJD 1988), *Lyon Libération* n'a pas réussi une véritable percée.

Quant au *Parisien libéré*, qui s'était enlisé dans une querelle familiale après la mort d'Émilien Amaury le 2 janvier 1977, sa situation s'est améliorée avec l'accord à l'amiable qui a été signé le 19 septembre 1983 entre Francine et Philippe Amaury et qui a permis à ce dernier de prendre le contrôle du quotidien. En plus d'une diversification très rentable dans la télématique, il a entrepris la conquête de son lectorat d'autrefois. Le 2 mars 1985, il a lancé une édition couvrant Paris et les départements limitrophes (Hauts-de-Seine, Seine-Saint-Denis et Val-de-Marne). Le même jour, la promotion du journal est soutenue par une nouvelle formule de jeu de hasard, le bingo, qui avait déjà fait ses preuves dans la presse de province, en particulier au *Provençal* et à *La Dépêche du Midi*. Sa diffusion est passée de 340 741 exemplaires en 1984 à 332 658 en 1985, 339 271 en 1986, 357 776 en 1987 et 382 394 en 1988. Devenu le premier et le seul véritable quotidien de la région parisienne malgré la concurrence de *France-Soir* dans l'Ouest parisien, il a accentué les améliorations rédactionnelles pour tenter de capter le lectorat populaire. Une jaquette couleur a rajeuni sa présentation le 25 janvier 1986 et, le 16 octobre 1989, il a lancé une nouvelle formule qui privilégie la lecture rapide du journal au travers de trois axes principaux : les informations nationales et internationales, les informations régionales, les services pratiques. L'arrivée d'éditorialistes comme Jean

TABLEAU I. — TIRAGE (T) ET DIFFUSION (D) DES 10 PREMIERS QUOTIDIENS FRANÇAIS (en milliers d'exemplaires)

		1957	1960	1965	1970	1975	1980	1981	1982	1983	1984	1985	1986	1987	1988
Ouest-France	T	560	584	648	684	710	760	764	786	784	800	801	804	813	847
	D	512	530	614	614	637	679	686	702	708	721	721	729	736	765
Le Figaro	T	493	466	486	536	492	395	392	415	432	453	465	503	557	562
	D	411	384	399	434	402	313	311	336	344	361	366	395	444	432
Le Monde	T	184	206	260	479	548	568	552	564	513	492	455	446	484	552
	D	142	155	200	355	432	445	426	439	400	385	357	343	364	387
Le Parisien libéré	T	869	875	837	876	938	430	428	427	424	426	421	450	459	505
	D	760	757	743	732	786	352	346	343	337	341	332	352	358	382
La Voix du Nord	T	337	331	405	414	412	414	410	409	404	412	414	419	422	423
	D	308	303	374	379	382	381	376	373	368	373	374	376	377	374
Sud-Ouest	T	329	330	388	400	422	412	409	410	409	411	407	409	408	419
	D	303	302	354	360	375	366	363	363	365	365	360	361	361	367
Le Progrès	T	371	403	504	498	477	436	412	377	351	356	346	325	309	411
	D	333	354	438	447	428	375	348	321	300	302	292	283	271	362
France-Soir	T	1 365	1 280	1 229	1 213	944	634	587	569	549	550	539	539	413	467
	D	1 119	1 070	995	869	712	460	433	429	411	419	405	398	375	334
Le Dauphiné libéré	T	344	370	438	417	400	376	404	420	425	431	403	407	404	325
	D	308	330	385	371	358	328	350	367	375	383	362	364	359	294
La Nouvelle République de Centre-Ouest	T	249	253	288	287	292	310	308	309	308	308	303	300	305	297
	D	230	230	267	267	268	284	283	282	281	281	274	272	273	268

Source : OJD.   Le classement est celui de la diffusion d'après le contrôle effectué en 1988.

Boissonnat, Michèle Cotta, Albert Du Roy, Bernard Rapp, Marcel Jullian... a contribué à accroître sa notoriété.

La faiblesse actuelle de la presse parisienne vient sans aucun doute de l'effondrement des quotidiens populaires. Des cinq titres qui recrutaient leurs lecteurs parmi les couches les plus modestes avant la crise de la décennie soixante-dix, il n'en reste plus aujourd'hui que trois : *Le Parisien libéré, France-Soir* et *L'Humanité*. Deux titres ont disparu : *Paris-Jour* et *L'Aurore*. En 1969, ces titres diffusaient 2 362 955 exemplaires. En 1988, la diffusion des trois survivants n'atteint plus que 825 743 exemplaires.

Au cours des dernières années, plusieurs projets de lancement d'un quotidien populaire ont vu le jour, dont certains n'ont jamais dépassé le stade de l'étude et dont les promoteurs ont été Daniel Morgaine en 1980 et Alain Ayache en 1985. Cette même année, Jean Chalit, auquel s'est joint le grand spécialiste de la presse gratuite, Paul Dini, a également préparé un projet original et ambitieux : le lancement sur la capitale et dans la région parisienne d'un quotidien multi-local, *Le Grand Paris*. Du 14 au 20 novembre 1985, un test a été effectué à Vincennes, Rosny, Montreuil et Fontenay et, malgré des résultats assez encourageants, le lancement effectif n'a jamais eu lieu, en raison notamment des difficultés de fabrication et d'impression en quadrichromie des quatre cahiers qui composaient l'ensemble du journal. Cet échec ne semble pas avoir découragé son promoteur, Jean Chalit, que le groupe Hachette a ensuite engagé pour créer « un grand quotidien national grand public, la dernière aventure de la presse française », selon Roger Thérond, directeur des rédactions du groupe Hachette. Le numéro 0 a été testé le 15 octobre 1987 auprès de quelque 50 000 personnes dans trente villes (vingt-sept en province et trois en région parisienne). Malgré des perspectives intéressantes, le projet, qui avait pour nom de code *Oméga*, a néanmoins été arrêté le 7 décembre suivant pour ne pas entrer en concurrence directe avec les quotidiens régionaux.

III / La presse quotidienne de province

La presse quotidienne de province a été longtemps méprisée et tenue pour secondaire par rapport à la presse parisienne par l'intelligentsia politique, économique et culturelle. Pourtant, en 1939, avec un tirage de 6 millions d'exemplaires, elle était déjà à égalité avec la presse parisienne. A partir de 1945, elle acquiert une suprématie qu'elle ne perdra plus et, depuis 1976, c'est un quotidien régional, *Ouest-France*, qui détient le « ruban bleu » de la diffusion, jusque-là porté par *France-Soir*. Pendant l'Occupation, la population de province a été coupée de la presse parisienne qui n'était pas diffusée dans la zone sud et qui, pour le lecteur potentiel, apparaissait davantage comme un organe de propagande que comme un moyen d'information. De plus, c'est dans les journaux locaux qu'elle trouvait tous les renseignements concernant sa vie quotidienne comme la distribution des cartes de ravitaillement. D'autres facteurs ont contribué à favoriser son essor, qu'il faudra indiquer en descendant, comme dans le chapitre précédent, le cours de son histoire de la Libération jusqu'à nos jours.

1. 1944-1952 : la lutte pour l'existence

Comme pour les quotidiens parisiens, la Libération constitue pour la presse de province une « table rase ». Tous les quotidiens qui ont paru sous l'Occupation sont interdits. Seuls vingt et un titres qui paraissaient avant la guerre, mais qui se sont sabordés dans les conditions prévues par l'ordonnance du 30 septembre 1944, peuvent reparaître en même temps que les titres issus de la Résistance ou autorisés par les commissaires de la République. Ces parutions ou reparutions ont lieu au fur et à mesure que le territoire est libéré et donnent déjà lieu à une certaine concurrence, comme en témoigne le même sous-titre, « le premier quotidien de la France libérée », utilisé à la fois par *La Presse cherbourgeoise* et la *Liberté de Normandie* dont les premiers numéros ont paru le 7 et le 9 juillet 1944 à Cherbourg et à Caen. A Rennes, *Ouest-France* commence à paraître le 7 août et, à Marseille, *Le Provençal* publie son premier numéro le 23 août. Cependant les lecteurs alsaciens devront attendre le mois de novembre ou de décembre 1944 pour trouver les premiers numéros de leurs quotidiens.

Le Cahier bleu, qui contient les directives élaborées par la Résistance au sujet de la « nouvelle presse », recommandait aux commissaires de la République « de tenir compte des grandes tendances entre lesquelles se partage traditionnellement l'opinion française ». Parfois, dans la hâte de fournir à la population des avis ou des informations concernant la vie quotidienne, des titres sont fondés, qui auront une durée d'existence assez courte, dans l'attente de laisser la place à d'autres titres plus « politiques ». C'est le cas, par exemple, de la *Liberté du Pas-de-Calais* qui, pendant six mois, est mis à la disposition de la municipalité d'Arras, avant d'être remplacé par *Le Libre Artois*. A Brive, *La Liberté* publie deux numéros « pour ne pas laisser la population dans l'ignorance des choses pouvant l'intéresser », puis laisse la place à *Brive Informations*. *Lyon libéré* paraît pendant cinq jours et, à Saint-Étienne et à Montpellier, *La République* et *L'Information du Languedoc* publient respectivement quatorze et quatre numéros, puis sont remplacés par les titres autorisés.

Parfois également, des journaux qui n'ont à faire valoir aucun titre de résistance et qui ne sont liés à aucun mouvement politique sont également autorisés. Pierre-Henri

Teitgen, le premier ministre de l'Information après la Libération, l'a reconnu, en 1945, dans une déclaration devant l'Assemblée consultative : « Dans la plupart des départements et régions, il n'y avait pas de journaux clandestins pour remplacer les journaux suspendus. Force était donc, par nécessité, d'autoriser dans ces régions et ces départements — et c'est l'immense majorité — de nouveaux journaux ne correspondant pas à des journaux clandestins, c'est-à-dire de confier le droit de faire paraître une nouvelle publication régionale et départementale à une équipe n'ayant pas de titres acquis dans le journalisme clandestin. »

Dans les villes de grande ou de moyenne importance, les titres autorisés fleurissent, parfois en trop grand nombre par rapport aux quantités de papier disponible, au nombre des imprimeries et sans doute aussi par rapport au nombre de lecteurs capables de les rentabiliser. Dans certains départements, il faudra se serrer un peu pour que tout le monde ait une place, comme l'explique Jacques Lemoîne, directeur de *Sud-Ouest*, dans son éditorial du 4 novembre 1944 : « A la libération de Bordeaux, M. le commissaire de la République a décidé de faire paraître le journal clandestin *Combat* sur les presses de l'ancienne *France de Bordeaux* et il m'a demandé de faire paraître un nouveau journal, que j'ai appelé *Sud-Ouest*, sur celles de la *Petite Gironde*. Sur la demande du comité de libération, l'équipe résistante des camarades de l'ancienne *France* a édité, en outre, sur les presses qui publiaient déjà *Combat*, un troisième journal intitulé *La République du Sud-Ouest*. Et le journal clandestin *Témoignage chrétien* sortit en même temps sur les presses de l'ancienne *Liberté* sous le titre *Courrier français*. Cela faisait donc quatre journaux constitués selon les prescriptions formelles de la circulaire d'Alger, c'est-à-dire destinés, sauf *Combat*, ''aux mêmes catégories de lecteurs'' que les anciens journaux. Pas de difficultés jusque-là. Pas de contestation non plus. Cela dura douze ou quinze jours. A ce moment, de nouveaux confrères venus de Dordogne, de Paris ou d'ailleurs vinrent réclamer aux autorités le droit de faire paraître trois organes de plus : un pour les Corps francs de la Libération, un pour le Front national, un pour le parti communiste. Après une séance mémorable chez le commissaire de la République, on décida de se serrer un peu et même beaucoup et de faire place à tout le monde. On "concentra" les journaux. On partagea les sièges. Il y eut même des confrères qu'on prit sur les genoux. »

Dans d'autres départements, il faudra très vite opérer des concentrations pour permettre au moins à un titre d'avoir quelques chances de viabilité. Ainsi, dans la Somme, deux titres avaient reçu l'autorisation de paraître : *L'Écho de la Somme* et *Picardie nouvelle*. Le 13 octobre 1944, six personnalités représentatives des mouvements de Résistance se réunissent autour des représentants du gouvernement et décident de fusionner les deux titres en un seul qui portera le nom de *Courrier picard*. Par rapport aux autres entreprises de presse, il aura également la particularité, sur le plan juridique, d'être édité par une société coopérative ouvrière de production. Cette entente de la Résistance se retrouve également dans *L'Union* de Reims dont le conseil de gérance, cas unique dans la presse française de l'après-guerre, est assuré par des mouvements issus de la Résistance et des organisations politiques et syndicales, jusqu'à ce que le journal soit repris par Philippe Hersant le 29 octobre 1985.

Cette belle unanimité, que l'on retrouve encore à *L'Ardenne nouvelle* à Charleville, est loin d'être la règle générale. Dans plusieurs départements, c'est plutôt la discorde qui s'instaure après quelques mois, voire quelques semaines de cohabitation, obligeant chaque tendance politique à fonder son journal. Ainsi, à Troyes, l'organe du comité départemental de libération, *L'Aube libre*, fondé le 5 septembre 1944, publie son dernier numéro le 1er septembre 1945. Le 4 septembre suivant, il est remplacé par trois titres : *La Dépêche de l'Aube*, organe du parti communiste ; *Libération-Champagne*, organe de la démocratie socialiste et *L'Est-Éclair*, organe républicain des modérés. Il en est de même à Toulon où la *Liberté du Var*, l'organe du Comité de la libération nationale, laisse la place le 25 mai 1946 au quotidien communiste, *Le Petit Varois*, et à *La République*, de tendance socialiste. C'est également le cas au Puy où *L'Appel de la Haute-Loire*, l'organe du comité départemental de libération publié par les Mouvements unis de Résistance, cesse de paraître après quatre mois d'existence au profit de *L'Éveil de la Haute-Loire* (MRP), de *La Voix Républicaine de la Haute-Loire* (MLN) et du *Soir* (Front national). A Grenoble, trois titres reçoivent l'autorisation de paraître : *Le Travailleur alpin*, de tendance communiste ; *Le Réveil*, MRP, et *Les Allobroges* dont le premier sous-titre indique qu'il est à la fois « l'organe commun du Front national et du Mouvement de libération nationale ». Mais, après l'euphorie des premières semaines, les tensions commencent à monter entre les deux mouvements pour aboutir à la rupture après un an de cohabitation. Grâce à la complicité des autorités politiques en place, soucieuses de contrebalancer l'influence grandissante de la presse communiste, le MLN reçoit le 19 octobre 1944 l'autorisation de faire paraître un quotidien. Pendant huit mois, du 15 janvier au 31 août 1945, les deux titres, *Les Allobroges* et *Le Dauphiné libéré* paraissent dans un journal commun sans que les tensions diminuent. Le divorce est consommé lorsque, le 7 septembre, chaque titre décide de paraître séparément.

Théoriquement, tous les titres qui ont reçu l'autorisation de paraître partent à égalité à la conquête du lectorat mais, dans cette concurrence sans merci pour s'imposer, certains veulent mettre au départ des atouts supplémentaires de leur côté, soit en investissant immédiatement les installations du quotidien le plus important qui a été condamné à disparaître, soit en transformant légèrement le titre interdit pour ne pas désorienter le lecteur. C'est ainsi que *Ouest-France* remplace *Ouest-Éclair* à Rennes, *Le Provençal* et *La Marseillaise* prennent la place du *Petit Provençal* et du *Petit Marseillais* à Marseille. Une autre tactique consistera encore, pour ne pas heurter la sensibilité politique des lecteurs potentiels, à supprimer toute référence précise à un parti politique. L'étude des sous-titres est sur ce point significative. Certains mettent l'accent sur la zone de diffusion comme « Le grand quotidien des Alpes et de la Vallée du Rhône » pour *Les Allobroges* du 1er mars 1946 au 18 juin 1956, ou adoptent un intitulé plus neutre comme « Quotidien régional d'information ». Ceux qui maintiennent une position politique trop prononcée disparaissent très vite. En particulier, les trois partis politiques dominants de l'époque connaissent de très nombreuses disparitions parmi les journaux qu'ils soutiennent : vingt-quatre pour le parti communiste et le Front national, dix-sept pour le MRP et quatorze pour le parti socialiste.

Entre les journaux qui restent, la concurrence est très vive et les directions utilisent un certain nombre de moyens, comme les concours, pour attirer et fidéliser les lecteurs. Vers les années cinquante, la situation se clarifie et, le plus souvent, il ne reste qu'un ou deux titres qui vont ensuite tenter de consolider leur position. Encore faut-il noter que parfois le nombre de titres dans un département ou dans une ville rend imparfaitement compte de la situation réelle des journaux les uns par rapport aux autres. En effet, à travers cette concurrence, certains sont absorbés par d'autres plus puissants et maintenus provisoirement en vie durant une période plus ou moins longue selon les cas. A Nice, par exemple, le quotidien socialiste *L'Espoir* passe, en 1949, sous le contrôle de *Nice-Matin* qui en fait son édition du soir jusqu'au 30 décembre 1972. En revanche, *La Marseillaise du Berry* est resté depuis le 21 septembre 1950 l'édition de l'Indre du quotidien communiste *L'Écho du Centre*. Mais, à Grenoble, *Le Réveil*, qui est absorbé par *Le Dauphiné libéré* en juin 1951, cesse sa parution le 29 février 1952.

2. 1953-1970 : naissance des monopoles régionaux

Au cours de ces deux décennies, les titres qui émanent des partis politiques et qui ont réussi jusque-là à résister aux journaux les plus puissants vont, pour la plupart, continuer à disparaître : huit pour le parti communiste et le Front national, trois pour le MRP et quatre pour le parti socialiste.

La grande caractéristique de l'évolution de la presse de province durant cette période, c'est la naissance des grands monopoles régionaux par l'intermédiaire d'ententes entre journaux qui revêtent des formes multiples : la concentration des moyens de production, la concentration en chaîne de journaux d'une même région, les accords de diffusion, le couplage publicitaire.

• La mise en commun d'un certain nombre de moyens de production propres à des journaux différents par leur contenu et leur orientation politique a été l'une des originalités de l'entente réalisée dès 1951 par trois quotidiens stéphanois : *La Dépêche démocratique* (MRP), *L'Espoir* (MLN) et *La Tribune* (socialiste). Les deux premiers titres qui ont commencé à paraître dès la Libération, tandis que le quotidien socialiste a dû attendre le 31 août 1950 pour publier son premier numéro, connaissent une expansion assez rapide sur plusieurs départements où ils absorbent des titres plus faibles. Mais dès 1949, les difficultés surgissent et, en août 1951, les trois quotidiens s'unissent, d'abord au sein d'une société à responsabilité limitée, puis, à partir de 1952, d'une société anonyme : la Société de gestion, d'édition et de publicité (SOGEP). Cette union, au sein de laquelle chaque quotidien garde son orientation propre, se réalise sur quatre plans : la mise en commun de l'ensemble du matériel de composition et d'impression, de l'information locale, de la diffusion et de la publicité. Le président et le vice-président, qui sont choisis par *La Tribune* et *La Dépêche*, changent chaque année. L'entreprise connaît à ses débuts un certain succès et les trois titres lancent en commun une édition dominicale, *Centre Dimanche*. Prévu pour durer vingt ans, l'accord n'ira cependant pas jusqu'à son terme et les premières lézardes se produisent dans l'édifice en 1963 lorsque des négociations entre les directeurs de *La Tribune* et du *Progrès* de Lyon aboutissent, le 1er septembre, au rachat du quotidien stéphanois. Un mois plus tard, le 1er octobre, la SOGEP est remplacée par la SOGED (Société de gestion et d'édition) qui lie encore pendant quelques mois les destinées de *L'Espoir* et de *La Dépêche* avant qu'ils ne soient eux-mêmes absorbés par leurs puissants voisins : le premier par *Le Progrès*, à partir du 5 avril 1964 ; et le second par *Le Dauphiné libéré*, le 15 avril 1964. Cependant, si la presse stéphanoise perd son autonomie, l'expérience qu'ils ont menée ensemble a ouvert une voie originale et sert de modèle à ceux qui les ont absorbés.

Dès 1950, *Le Progrès* et *Le Dauphiné libéré* avaient commencé à se livrer une concurrence acharnée, chacun essayant de supplanter son adversaire. Mais, comme l'a affirmé un jour Émile Brémond, directeur du *Progrès*, « ces batailles concurrentielles sont le fléau de la presse de province. Pour s'étendre, pour gagner des lecteurs, les journaux ont développé leurs éditions régionales, que l'on remplit de petites nouvelles et de faits divers. Au lieu d'éveiller les curiosités politiques ou civiques, on s'attarde aux chiens écrasés ». Pour essayer d'atténuer cette concurrence, une première rencontre au sommet a lieu le 25 septembre 1963 entre Émile Brémond et Louis Richerot, directeur du *Dauphiné libéré*. Mais elle ne donne aucun résultat. Le quotidien grenoblois fait au contraire monter les enchères en lançant une édition en Saône-et-Loire, en concluant un accord de couplage de la publicité extra-locale avec *L'Écho-La Liberté* à Lyon et en créant trois éditions dans la Loire avant d'absorber *La Dépêche*.

Les deux titres continuent à se livrer une bataille sans merci avant d'arriver, enfin, le 27 septembre 1966, à une entente qui est également sans précédent dans l'histoire de la presse. En effet, cet accord de concentration ne se situe pas au niveau des deux titres, mais sur les plans publicitaire et technique, puis rédactionnel par la création de cinq sociétés : une société d'impression, Entreprise de presse n° 1, qui imprime les journaux des deux titres dans ses quatre centres : Chassieu, Grenoble, Saint-Étienne et Veurey-Voroise ; une régie publicitaire, Province Publicité n° 1 ; une agence de presse, L'Agence d'informations générales, locales, économiques et sportives (AIGLES) ; une société de diffusion, Rhône-Alpes Diffusion, chargée de distribuer les quotidiens du groupe, et une Société d'éditions régionales de périodiques et journaux, éditrice des quotidiens du septième jour du groupe.

• Deuxième type d'entente entre des titres : la concentration en chaîne de plusieurs journaux dans une même région. La meilleure illustration prend son origine à Dijon pour s'étendre ensuite à tout l'est de la France.

A la Libération, quatre quotidiens sont édités dans la capitale de la Bourgogne : *Le Bien public, La Bourgogne républi-*

caine et son édition franc-comtoise, *La Franche-Comté républicaine*, et *Les Dernières Dépêches*. La première opération a lieu en 1947 lorsque ce dernier titre s'entend avec un quotidien de Chalon-sur-Saône, *La Tribune de Saône-et-Loire*, avant d'être absorbé à son tour par *La Franche-Comté républicaine* le 15 juin 1950, donnant ainsi naissance à un petit groupe de presse. Mais, plutôt que de continuer son expansion vers le sud, *La Bourgogne républicaine*, qui prendra progressivement un titre plus neutre à partir de 1958, *Les Dépêches*, préfère regarder vers l'est et le nord. En 1951, il vend *La Tribune de Saône-et-Loire* au quotidien stéphanois *La Tribune*. Le 1er octobre 1957, il absorbe le quotidien bisontin *La République* qu'il fusionne le 9 mai 1960 avec *Les Nouvelles de Franche-Comté et du territoire de Belfort*, fondé le 1er octobre 1958, pour en faire son édition du Doubs, d₂ la Haute-Saône et du territoire de Belfort. Le 1er février 1958, il finit d'investir Besançon en absorbant également *Le Comtois*, quotidien socialiste, qui aura le même contenu que *Les Dépêches*, mis à part la première page.

La conquête de l'Est achevée, *Les Dépêches* se tourne vers le département de la Haute-Marne où existent encore deux quotidiens : *Le Haut-Marnais républicain* et *La Haute-Marne libérée*. Avec le premier, le quotidien dijonnais conclut d'abord un accord de couplage publicitaire en mars 1958 avant de l'absorber le 1er août suivant. Cependant, l'opération présente plusieurs inconvénients pour le quotidien de Chaumont. En particulier, les délais d'acheminement depuis Dijon où il est désormais imprimé sont trop longs. Par ailleurs, l'intégration à un journal régional oblige *Le Haut-Marnais républicain* à réduire considérablement sa rubrique des nouvelles locales. Le 2 novembre 1962, il est intégré à *La Haute-Marne libérée* avec lequel *Les Dépêches* ont passé un accord de couplage publicitaire en avril 1961.

Dans sa politique d'extension, *Les Dépêches* se heurte à un autre grand régional, *L'Est républicain* de Nancy, qui a absorbé également plusieurs titres paraissant dans sa zone de diffusion avant de conclure un accord avec le quotidien dijonnais.

En avril 1946, il avait déjà pris le contrôle d'un hebdomadaire sportif éphémère, *Hebdo-Sports*, dont il fait peu à peu son édition sportive. Mais c'est surtout à partir de 1949 qu'il affirme sa volonté d'expansion sous la houlette de son nouveau directeur, Léon Chadé, qui a pris en main ses destinées le 1er janvier 1949, après avoir été directeur-rédacteur en chef de *La Voix du Nord*. Il commence d'abord par faire place nette chez lui, à Nancy. *L'Éclair de l'Est*, dont la fondation remonte au 11 novembre 1905, connaît très vite des difficultés financières après sa reparution le 24 septembre 1944. Il interrompt sa publication le 7 mars 1949 pour être remplacé par un hebdomadaire, *L'Éclair-Dimanche*. Il est imprimé par *L'Est républicain* qui lui fournit en outre des informations locales et sportives et qui possède ainsi à peu de frais une édition dominicale. L'accord entre les deux titres se poursuit jusqu'au 31 décembre 1961, date à laquelle *L'Éclair-Dimanche* cesse sa parution pour être remplacé par *L'Est républicain-Dimanche* qui est désormais diffusé dans les départements de la Meurthe-et-Moselle, de la Meuse et de la Moselle.

Dans ce dernier département, le quotidien de Nancy entre en concurrence directe avec le quotidien messin *Le Républicain lorrain*. Au début de 1949, *L'Est républicain* prend contact avec un autre quotidien messin, *Le Lorrain*, dont les conditions d'exploitation deviennent de plus en plus difficiles. Le 27 septembre, les deux titres concluent un accord selon lequel *L'Est républicain* prend en régie, à partir du 1er octobre, la fabrication, la diffusion, la vente et la publicité du *Lorrain* qui devient en fait l'édition mosellane du quotidien de Nancy. Cependant, cette opération ne donne nullement les résultats escomptés et oblige, dans un premier temps, le 17 décembre 1962, à un repli de la rédaction et de l'administration du *Lorrain* à Nancy. Le 1er août 1969, une nouvelle étape dans le processus d'assimilation est franchie. Le titre devient *Le Lorrain-L'Est républicain*. Cinq mois plus tard, le 31 décembre, la mention du *Lorrain* disparaît définitivement et concrétise l'échec du quotidien nancéien dans la Moselle.

Faute d'avoir pu s'étendre vers le nord, *L'Est républicain* se tourne vers le sud, en particulier vers Dijon où *Les Dépê-*

ches a déjà constitué un petit groupe de presse. Depuis juillet 1951, avec une édition bisontine qui marche bien, il a déjà un pied dans la place mais, à partir de 1960, comme dans la plupart des autres régionaux, la prospérité marque le pas. Il lui faut se défendre au nord contre *Le Républicain lorrain* et au Sud contre *Le Progrès* de Lyon qui, après ses accords en 1966 avec *Le Dauphiné libéré*, disposera de puissants moyens pour investir et pénétrer de nouveaux secteurs géographiques. « Si M. Brantus [le PDG des *Dépêches*] fait alliance avec Lyon, reconnaît Léon Chadé devant son conseil d'administration, il ouvre au *Progrès* les portes de notre zone de diffusion jusqu'à Belfort. » Un accord est donc signé avec le quotidien dijonnais le 22 novembre 1966 et aboutit, dans un premier temps, à une association entre les deux titres, puis, le 18 janvier 1973, à l'absorption des Presses Nouvelles de l'Est, société éditrice du *Comtois*, des *Dépêches de Franche-Comté* et des *Dépêches de Centre-Est*.

L'Est républicain conclura encore des accords avec d'autres quotidiens de la région. Bien qu'il lui ait été impossible d'empêcher l'autre quotidien dijonnais, *Le Bien public*, soucieux de ne pas se laisser distancer par *Les Dépêches*, de se lancer dans des investissements coûteux en matériel d'impression, il réussira néanmoins à mettre en place, le 18 juin 1974, une politique rédactionnelle commune aux deux titres dijonnais. Cet accord, qui permet de réaliser des économies substantielles, est rompu le 1er septembre 1976 en raison des intérêts trop divergents entre les deux quotidiens. Dans la Haute-Marne, l'accord avec *La Haute-Marne libérée* porte sur l'exploitation commune des deux titres dans le département. Dans les Ardennes, il absorbe en juin 1971 le quotidien de Charleville, *L'Ardennais*, en acquérant les trois quarts de son capital.

Après une tentative avortée d'entente avec le quotidien mulhousien, *L'Alsace*, en mars 1972, on peut considérer que la deuxième phase de concentration dans l'Est est terminée. Comme l'indique le sous-titre du journal depuis le 18 décembre 1962, *L'Est républicain* étend désormais son influence « de la frontière belge à la frontière suisse » par l'intermédiaire des titres qu'il a absorbés ou avec lesquels il a conclu des accords. Mais l'empire que Léon Chadé a bâti patiemment est fragile. En particulier, *Les Dépêches* de Dijon se révèle très vite un gouffre financier. En outre, il reste au nord « l'ennemi de toujours », *Le Républicain lorrain*, qui réussira à entrer dans le capital du quotidien nancéien en devenant actionnaire minoritaire avec 22 % du capital par la prise de contrôle, en octobre 1982, de la Grande Chaudronnerie Lorraine. Cette prise de participation a connu un nouveau rebondissement alors que *L'Est républicain*, fondé le 5 mai 1889, venait à peine de fêter son centième anniversaire. L'annonce, fin juin, de la cession de ces actions au groupe Cora-Révillon a provoqué une nouvelle bataille juridique qui a permis à chaque camp de conforter sa position et de maintenir le *statu quo*. En effet, le tribunal de grande instance de Nancy a déclaré irrecevable, le 27 novembre 1989, la demande de M. Lignac de constater l'illégalité de la transaction entre *Le Républicain lorrain* et le groupe Cora-Révillon. De son côté, le PDG de *L'Est républicain* s'est porté acquéreur, avec le concours de M. Hommel, de 15 429 actions supplémentaires, soit 6,43 % du capital. Quant au quotidien messin, il avait commencé à augmenter, dès 1988, sa participation dans *Le Bien public* en se portant acquéreur sur trois ans de 9 650 actions sur les 12 640 que la CLT détenait dans ce quotidien.

• Troisième forme d'entente entre les titres : les accords de partage des zones de diffusion. Cette entente concerne uniquement les quotidiens régionaux qui, au fil des ans, ont étendu progressivement leur diffusion et qui, dans leur expansion, se sont heurtés à un autre régional à un moment de leur histoire. Ces accords, que l'on a parfois qualifiés de « Yalta » de la presse et qui se sont surtout conclus pour la plupart au sud de la Loire, ont pour but de rationaliser la gestion des différentes éditions diffusées par un quotidien régional. En effet, parfois pour de simples raisons de notoriété ou de prestige, certains journaux se sont lancés dans une multiplication d'éditions locales dont certaines sont minoritaires et représentent un effort rédactionnel et promotionnel important pour des recettes souvent marginales. Voici les principaux accords qui ont été conclus dans ce cadre :

— En février 1966, le quotidien de Clermont-Ferrand, *La Montagne*, conclut avec les deux quotidiens stéphanois, *La Tribune* et *L'Espoir*, un accord selon lequel il se retire de l'arrondissement du Puy-en-Velay tandis que ses deux concurrents lui laissent le champ libre dans les arrondissements de Vichy et de Gannat-Lapalisse dans l'Allier.

— Le 31 décembre 1966, *Le Provençal* supprime son édition du soir, *Nîmes-soir*, dans le Gard et la remplace à partir du 3 janvier 1967, après un accord avec le quotidien de Montpellier, *Midi libre*, par une édition commune aux deux titres. Le quotidien marseillais avait également conclu, le 23 mai 1966, un accord de non-concurrence avec *Nice-Matin* en se retirant des Alpes-Maritimes tandis que le quotidien niçois abandonnait Toulon et une partie des Alpes-de-Haute-Provence. Conclu pour dix ans, ce pacte de non-agression est reconduit en 1976 pour une durée de cinq ans. Bien qu'il n'ait pas été renouvelé en 1981, il a été respecté jusqu'au 14 janvier 1984, date à laquelle *Nice-Matin* met son édition hyéroise en vente à Toulon. C'est une déclaration de guerre pour Gaston Defferre qui menace de faire paraître une édition du *Provençal* dans les Alpes-Maritimes. Mais plutôt que de se lancer dans une concurrence ruineuse, les deux titres préfèrent conclure un nouvel armistice le 1er février 1984. Les hostilités se sont de nouveau ouvertes en 1989. Le 9 janvier, *Le Méridional* crée une édition, *Nîmes-Matin*, dans le fief de son concurrent montpelliérain tandis que *Le Provençal* a développé l'édition qu'il avait lancée en mai 1959 dans l'île de Beauté, en faisant chaque jour depuis le 27 juin un journal plus étoffé sous un titre nouveau, *La Corse*. Il semble que derrière cette expansion du groupe marseillais se trouve le bras-de-fer engagé entre le groupe Hersant et Hachette au sujet des suppléments TV que les deux groupes vendent avec les journaux leur appartenant dans la région.

— Le 1er novembre 1968, *La Dépêche du Midi* passe également avec son puissant voisin de Bordeaux, *Sud-Ouest*, un accord selon lequel le quotidien bordelais se retire des Hautes-Pyrénées et le quotidien toulousain des Pyrénées-Atlantiques, de l'arrondissement de Marmande et des cantons de Casteljaloux et de Houeilles dans le Lot-et-Garonne. La prise de contrôle du *Petit Bleu de Lot-et-Garonne* (Agen) par *La Dépêche* en janvier 1982 et celle de *La Dordogne libre* par *Sud-Ouest* en octobre 1983 ont scellé ce partage des territoires.

— Le 1er mars 1988, *La Tribune-Le Progrès* se retire de l'Allier. En contrepartie, le groupe Centre France qui édite *La Montagne, Le Journal du Centre* et *Le Berry républicain* vend avec ses éditions dominicales le supplément *TV Magazine* du groupe Hersant à partir du 6 mars.

• Une quatrième forme d'entente a été réalisée entre les journaux au cours de cette période : les accords publicitaires de plusieurs quotidiens diffusant sur un même territoire. L'avantage de ces accords, qui préservent l'indépendance des titres et des rédactions, est de pouvoir négocier en force avec les annonceurs qui, de leur côté, n'ont plus à traiter avec plusieurs supports et qui bénéficient par ce biais d'une assurance de pénétration beaucoup plus profonde de leurs messages publicitaires. Cette pratique a vu le jour en 1958, mais s'est surtout développée de 1966 à 1971, au moment où les investissements publicitaires dans la presse quotidienne commencent à marquer le pas au profit de la télévision et de la presse magazine et spécialisée. Ces différents accords conclus entre 1958 et 1971 connaîtront des modifications au fil des années. En janvier 1988, les regroupements publicitaires des quotidiens de province étaient les suivants (voir tableau II).

3. 1965-1980 : la modernisation

La paix aux frontières réalisée par les ententes de diffusion et la possibilité d'augmenter les ressources offertes par le biais des accords publicitaires permettront aux journaux de province d'opérer leur révolution technique.

Déjà en 1956, dans son édition du 11 juin, *L'Aurore* avait ouvert la voie de la couleur en investissant un million de nouveaux francs pour acquérir les machines nécessaires. Mais l'expérience fut un échec et abandonnée au bout de trois mois. « En fait, selon Roger Alexandre, l'administrateur du journal, nous obtenions un mauvais deux couleurs. Certes, ce n'était pas de l'hélio. Mais nous pensions que cela aurait un bon impact sur les ventes. Nous pensions aussi que la publicité apprécierait ce service. Mais nous avons constaté que la qualité rebutait et surtout qu'au point de vue des ventes, nous n'avions pas d'influence positive. Nous avons abandonné. » Deux ans plus tard, *Paris-Journal* reprend l'expérience et publie le 5 avril 1958 un encart hélio de quatre pages dont deux en quadrichromie. Cette nouvelle tentative sera suivie par une troisième expérience réalisée par *Le Dauphiné libéré* qui paraît sous une jaquette en quadrichromie le 7 octobre 1959. La technique utilisée consiste à préimprimer les bobines comportant la couleur puis à les encarter dans le journal au moment de son impression. Malgré sa valeur technique indéniable, ce procédé présente néanmoins quelques inconvénients face aux exigences de la presse de province. La préimpression en héliogravure est en effet assez onéreuse et exige des délais de réalisation assez longs, incompatibles avec la nécessité de mettre le journal le plus rapidement possible à la disposition du lecteur. *Le Dauphiné libéré* continuera cependant ses recherches dans cette direction en améliorant notamment le procédé appelé Rop color, c'est-à-dire la polychromie directe sur rotative. Lorsqu'il inaugure son imprimerie ultra-moderne à Chassieu le 18 mars 1966, celle-ci comprend des rotatives capables d'imprimer 48 pages dont huit avec une ou deux couleurs d'accompagnement et huit en polychromie. Mais la véritable révolution pour la presse de province viendra d'abord de la photocomposition.

C'est en 1967 que les ordinateurs commencent à s'implanter dans les quotidiens régionaux qui, confrontés à un accroissement du plan de charge dans les ateliers de composition, ne pouvaient plus répondre à la demande par les moyens traditionnels. Le premier à s'équiper d'un ordinateur sera *Paris-Normandie*, suivi du *Midi libre* et du *Provençal*, puis de l'ensemble des quotidiens de province.

Les informations contenues dans un quotidien de province

TABLEAU II. — LA CONCENTRATION PUBLICITAIRE DE LA PRESSE DE PROVINCE

Nom du couplage	Composition du couplage	Diffusion OJD 1988
Journaux de l'Ouest	*Ouest-France, Presse-Océan, L'Éclair*	863 000
Groupe Dauphiné-Le Progrès	*Le Progrès, La Tribune, L'Espoir, Le Dauphiné libéré, Lyon-Matin, Vaucluse-Matin, Lyon Figaro*	813 029
Quotidiens du Sud-Ouest	*Sud-Ouest, La France-La Nouvelle République, La Charente libre, La République des Pyrénées, L'Éclair des Pyrénées, La Dordogne libre*	456 693
Journaux de l'Est associés	*Les Dernières Nouvelles d'Alsace, Le Républicain lorrain, La Liberté de l'Est*	448 000
Centre France	*La Montagne, Le Populaire du Centre, Le Berry républicain, Le Journal du Centre*	383 000
France Est	*L'Est républicain, L'Ardennais, L'Est Éclair, La Haute-Marne libérée, Libération-Champagne, L'Aisne nouvelle*	366 000
Média Sud	*Le Provençal, Le Méridional, Var-Matin, Le Soir*	342 000
Groupe La Dépêche du Midi	*La Dépêche du Midi, La Nouvelle République des Pyrénées, Le Petit Bleu, Le Villefranchois*	285 000
Les Journaux du Midi	*Midi libre, Centre-Presse* (Aveyron), *L'Indépendant*	285 000
Inter-Ouest	*Le Courrier de l'Ouest, Le Maine libre, La Manche libre*	227 713
Groupe normand	*Paris-Normandie, Le Havre libre, Havre-Presse, Le Pays d'Auge, La Renaissance du Bessin, Les Nouvelles de Falaise, La Voix-Le Bocage, Le Courrier de l'Eure, L'Action républicaine*	220 602
Les Journaux Centre Bourgogne	*Le Bien public, L'Yonne républicaine, La République du Centre, L'Écho républicain*	193 829
Groupe Nord	*Nord-Éclair, Nord-Matin*	155 075
Les Journaux de Bourgogne	*Le Courrier de Saône-et-Loire, Le Progrès, Les Dépêches*	139 000
Groupe Écho du Centre	*La Marseillaise du Berry, Écho-Dordogne, L'Écho du Centre*	80 989
Quodep	*L'Éclaireur du Gâtinais, L'Éveil de la Haute-Loire, Nord Littoral, La Gazette provençale, La Presse de la Manche*	71 124
Journaux de Corse	*L'Informateur corse, Le Petit Bastiais*	17 200

proviennent non seulement des journalistes qui se trouvent au siège du journal, mais aussi des multiples correspondants que celui-ci possède dans sa zone de diffusion. Selon le procédé traditionnel de la composition chaude, les articles de ces correspondants locaux étaient envoyés au siège du journal, annotés par les secrétaires de rédaction, puis transmis à l'atelier de composition où des linotypistes les composaient en calculant la longueur des lignes, les espacements entre les mots et en faisant les coupures appropriées en fin de ligne. Avec l'ordinateur, les rédactions locales peuvent déjà effectuer un certain nombre de tâches réalisées autrefois par la rédaction centrale. Elles peuvent saisir « au kilomètre » les articles qui leur sont parvenus, c'est-à-dire sans tenir compte du corps des caractères dans lequel seront publiés les articles dans le journal, ni des coupures en fin de ligne. Le résultat, obtenu sur une bande perforée, est transmis au siège du journal et confié à l'ordinateur qui réalise toutes les opérations effectuées autrefois par les linotypistes. A la sortie, on obtient de nouveau une bande perforée qui commande une composeuse-fondeuse et produit les lignes de plomb. Ce système connaîtra par la suite de nombreux perfectionnements. Aujourd'hui, avec l'utilisation des micro-ordinateurs, le journaliste est en lien téléphonique directement avec une photocomposeuse qui sort une bande de papier ou des films prêts pour le montage.

Autre évolution qui a modernisé la confection des journaux : le passage de l'impression typographique à l'impression offset. Ce procédé, qui est une application de la lithographie, est une impression fondée sur le principe de l'incompatibilité de l'eau et de l'encre. En outre, au moment de l'impression, le papier n'est pas en contact avec le cylindre imprimant mais avec un cylindre intermédiaire, le porte-blanchet, sur lequel se reporte le texte du cylindre imprimant.

Le grand avantage de ce procédé est de permettre la reproduction de qualité des illustrations et même de la couleur. Pourtant, son implantation s'est faite très lentement dans les entreprises de presse éditant des quotidiens. Les premières à l'utiliser sont des titres à petit tirage. C'est *Le Petit Bleu du Lot-et-Garonne* qui ouvre la voie en septembre 1967 (tirage 12 000 exemplaires) suivi par *Havre-Presse* le 1er février 1968 (tirage 23 400 exemplaires), *La République du Centre* en février 1969 (tirage 80 000 exemplaires), *L'Éveil de la Haute-Loire* (tirage 12 500 exemplaires) et *La Haute-Marne libérée* (tirage 19 600 exemplaires) en avril 1970, la *République* à Toulon (tirage 65 000 exemplaires) en août 1970, *La Charente libre* (tirage 15 000 exemplaires) en janvier 1972. *Le Courrier de l'Ouest* (tirage 120 000 exemplaires) sera le premier quotidien français dépassant les 100 000 exemplaires à être totalement imprimé par ce procédé à partir du 14 avril 1973.

Parmi les causes de cette lente implantation de l'offset dans la presse, on notera surtout les délais plus longs, à l'origine, que dans le procédé en plomb pour confectionner les plaques servant à imprimer le journal. Par ailleurs, les rotatives offset, également plus lentes, étaient mal adaptées aux tirages importants. Mais le progrès aidant, l'ensemble des quotidiens a adopté ce procédé d'impression au cours de la décennie soixante-dix/quatre-vingt et, pour beaucoup de titres, cette modernisation a été l'occasion de transférer l'ensemble de leurs services du centre-ville où ils se trouvaient depuis la Libération, vers la périphérie, dans des bâtiments plus modernes et plus fonctionnels.

4. Force et faiblesses de la presse quotidienne de province

Comme on l'a vu, la décennie soixante-dix/quatre-vingt a été pour la presse parisienne une décennie de crise durant laquelle son tirage a baissé de 1 400 000 exemplaires. Durant la même période, la presse de province, au regard des chiffres de tirage, a connu, au contraire, une stabilité relative avec seulement une variation de quelques milliers d'exemplaires d'une année à l'autre. Son évolution depuis 1948 montre d'ailleurs que son tirage s'est toujours situé autour des sept à huit millions d'exemplaires, mis à part une diminution en deçà de la barre des sept millions entre 1951 et 1956 et un dépassement des huit millions en 1967 et 1968. Par rapport à l'augmentation de la population, elle connaît néanmoins une certaine régression.

Certes, ce chiffre global rend imparfaitement compte de la variété et de la diversité de la presse quotidienne de province. Ainsi, en 1980, seulement vingt titres ont un tirage supérieur à 100 000 exemplaires. Cinq se trouvent dans la tranche des 100-200 000 exemplaires *(L'Alsace, Le Courrier de l'Ouest, Paris-Normandie, Le Télégramme de Brest, L'Union* de Reims) ; neuf dans celle des 200-300 000 exemplaires *(La Dépêche du Midi, Les Dernières Nouvelles d'Alsace, L'Est républicain, Midi libre, La Montagne, Nice-Matin, Nord-Éclair, Le Provençal, Le Républicain lorrain)* et trois dans celle des 300-400 000 exemplaires *(Le Dauphiné libéré, La Nouvelle République de Centre-Ouest, Le Progrès). Ouest-France* caracole allégrement en tête avec un tirage de 759 829 exemplaires, distançant très largement *La Voix du Nord* (414 279 exemplaires) et *Sud-Ouest* (411 681 exemplaires). Mais du plus petit tirage (*La Montagne noire* avec moins de 2 000 exemplaires) jusqu'au plus élevé *(Ouest-France),* la presse de province entretient avec ses lecteurs des relations privilégiées, notamment à travers l'information locale, qui expliquent sa stabilité et constituent sa force.

Chasse gardée où n'interviennent ni la télévision, ni les grandes chaînes de radio, ni la presse quotidienne nationale, l'information locale est la grande spécialisation et l'exclusivité de la presse de province. Jean Couvreur la définissait dans *Le Monde* en 1965 comme « l'histoire soigneusement tenue à jour du chef-lieu, du bourg, du village, le miroir où se reflète, dans ses plus minces détails, la petite actualité ». Grâce à un réseau très dense de correspondants locaux qui, le plus souvent, ne possèdent pas la carte de journaliste et qui peuvent être le secrétaire de mairie, l'instituteur, le garde champêtre ou le buraliste, cette petite actualité, qui devient histoire locale dans les colonnes du journal, crée entre les lecteurs une proximité indispensable à tous, leur donnant le sentiment d'appartenir à une même communauté. Comme l'ont noté les sociologues, la presse en général, mais de manière plus forte encore la presse de province, joue, à côté de l'information, un rôle d'instrument d'appartenance sociale.

Autre force de la presse de province : sa capacité à s'adapter aux transformations de la société et du monde de la communication. D'une manière générale, elle a mieux su que la presse parisienne faire face à la concurrence des nouveaux médias par des développements très liés à la région où elle était diffusée ou par des prises de participation prudentes qui, en cas d'échec, ne remettaient pas en cause l'ensemble de l'entreprise. *Ouest-France* réalise 30 % de son chiffre d'affaires en dehors du quotidien. Il est présent dans les journaux gratuits et les voyages, dans des radios locales, le conseil publicitaire, le câble, l'édition, *Canal Plus*. En 1986, le chiffre d'affaires du groupe *Sud-Ouest* s'établissait comme suit : presse quotidienne 83 % ; radio 0,2 % (en 1987, il a pris une participation de 5,5 % dans *Sud-Radio*) ; télématique 1,6 % ; affichage 1,4 % ; presse gratuite 7,9 % ; conseil publicitaire 3,5 % ; voyages 1,2 % ; divers 1,2 %. *La Dépêche du Midi* est également entrée dans le capital de *Sud-Radio* à hauteur de 5 % et dans celui de *Télé-Toulouse*, la première chaîne hertzienne locale en France, à hauteur de 24 %. A Lille, *La Voix du Nord* est présente dans les radios libres, la télématique, l'affichage et elle possède un gratuit diffusant 1,2 million d'exemplaires. Dans l'Est, *Le Républicain lorrain* a réalisé, en 1986, 200 millions de chiffre d'affaires avec ses gratuits, sa régie de radios privées, son agence de publicité et son agence de voyages tandis que, de son côté, *L'Est républicain* a réalisé près du tiers de son chiffre d'affaires en dehors du quotidien.

Malgré cette relative bonne santé, des quotidiens de province ont cependant connu des évolutions qui révèlent une relative fragilité liée principalement aux situations de successions parfois difficiles. Depuis quelques années, on assiste à une redistribution des pouvoirs à la suite du départ à la retraite ou de la disparition des hommes qui avaient accédé aux leviers de commande des titres au lendemain de la Libération. Les principaux bénéficiaires en ont été le groupe Hersant et le groupe Hachette.

En 1970, avec une diffusion de 157 000 exemplaires, *Paris-Normandie* est un journal florissant. Mais son directeur, Pierre-René Wolf, est malade et des luttes intestines à l'intérieur du journal permettent à Robert Hersant de l'emporter sur Émilien Amaury, président du *Parisien libéré*, et d'investir le quotidien rouennais, ajoutant ainsi un nouveau titre aux nombreux journaux qu'il a déjà rachetés. En 1982, il commence à pénétrer la région Rhône-Alpes. L'occasion lui est fournie par la rupture des accords signés en 1966 entre *Le Dauphiné libéré* et *Le Progrès* pour une durée de vingt-cinq ans. Cette rupture trouve son origine dans le rachat par Jean-Charles Lignel, le 19 mars 1979, des parts de la famille Brémond dans *Le Progrès*. Aussitôt, il dénonce tous les contrats qui liaient son journal à son concurrent grenoblois.

Durant les treize ans de vie commune, les deux titres se sont consolidés mutuellement, mais les investissements engagés pour favoriser leur expansion deviennent, au lendemain de la rupture, des handicaps sérieux, en particulier pour *Le Dauphiné libéré* qui a construit une imprimerie ultra-moderne à Veurey, dans la banlieue de Grenoble. En outre, pour le quotidien grenoblois, la succession des deux hommes qui ont assuré son succès, Jean Gallois et Louis Richerot, est sur le point de s'ouvrir au moment de cette crise. De son côté, Jean-Charles Lignel doit faire face à de nombreuses échéances bancaires à la suite du rachat du *Progrès* (115 millions) et des nombreux procès qui lui ont été intentés par les dirigeants du *Dauphiné libéré* après la rupture des contrats qui liaient les deux titres. Pour l'année 1980, les pertes enregistrées par *Le Progrès* et *Le Dauphiné libéré* se seraient élevées respectivement à 20 millions et à 55 millions de francs. Un homme attend patiemment que ces deux fruits soient mûrs pour tomber à ses pieds : Robert Hersant.

Sa stratégie pour assurer la mainmise sur *Le Dauphiné libéré* rappelle celle qu'il a utilisée pour prendre le contrôle de *L'Aurore*. L'opération commence le 1er avril 1981. Comme pour *L'Aurore*, elle est menée par Marcel Fournier qui prend d'abord une minorité de blocage (33 %) dans la société éditrice du quotidien grenoblois, puis la majorité des actions dont il rétrocède une partie (51 %) à Robert Hersant le 8 avril 1982. Le 15 avril, Jacques Hersant, directeur de la gestion à *France-Soir*, André Audinot et Christian Grimaldi, PDG et membre du directoire du *Figaro*, entrent au conseil de surveillance du journal dont le nombre est porté de deux à cinq. Le groupe Hersant se trouve donc majoritaire au sein de cette instance et, le 29 avril, la gérance du journal est confiée à la Socpress (groupe Hersant) tandis qu'André Audinot devient président du directoire. Malgré différentes actions engagées par Louis Richerot, l'ancien président du *Dauphiné libéré*, plus rien ne peut barrer la route à Robert Hersant. Possédant désormais de solides assises dans la région Rhône-Alpes, il peut s'attaquer à l'autre grand quotidien de la région : *Le Progrès*.

Le 3 janvier 1986, lorsque le rachat du quotidien lyonnais, conclu le 30 décembre 1985, est rendu public, personne n'est vraiment étonné car, depuis plusieurs années, il accumulait les déficits. Seul peut-être le nom de l'acheteur, Robert Hersant, a pu surprendre, surtout si l'on avait encore en mémoire le passage de l'interview accordée au *Matin* par Jean-Charles Lignel le 5 septembre 1985 : « Vous connaissez la phrase de Victor Hugo : ''S'il n'en reste qu'un...'' Eh bien, je suis celui-là ! Je suis le seul à l'heure qu'il est à lutter contre Hersant. Sur le papier, il devait gagner : quand vous jouez au poker avec quelqu'un qui a de l'argent, il finit toujours par gagner, sur le papier... Mais, vous verrez, si j'ai perdu une bataille, ce n'est pas moi qui perdrai la guerre. Et, à la fin des fins, c'est moi qui gagnerai. Nul ne résiste à celui qui résiste. » Après avoir perdu le contrôle des éditions dominicales de son groupe, devant la baisse de la diffusion et des recettes publicitaires, il ne restait plus au jeune patron du *Progrès* qu'à livrer son empire de presse à son ennemi d'hier.

En même temps qu'est annoncé ce rachat, Robert Hersant fait part de ses intentions dans un éditorial publié le 4 janvier 1986 : « La sagesse vient de l'emporter. De nouveaux accords permettront à l'avenir de retrouver une gestion saine, seule garantie du pluralisme. » Ces accords se sont concrétisés par la réalisation de pages locales communes entre *Le Dauphiné libéré* et *Le Progrès* dans la Loire, la Saône-et-Loire et l'Ain et surtout par le couplage de la publicité locale et des petites annonces depuis le 22 juillet 1986 et de la publicité nationale depuis le 1er septembre 1986.

Tout se passe donc comme si les deux géants de la région Rhône-Alpes, désormais réunis avec leurs journaux satellites au sein du même groupe, étaient en train de ressusciter des structures qui ne sont pas sans rappeler celles qui ont été mises en place en 1966.

L'entente réalisée en décembre 1981 entre *Midi libre* et *Centre-Presse*, titre créé par Robert Hersant à partir de quotidiens départementaux ou locaux, *Brive-Information*, *Le Gaillard*, *Le Courrier du Centre*, *Le Cantal indépendant*, *Le Rouergue républicain*, met aussi le propriétaire du *Figaro* dans une position de force pour conquérir tout le Languedoc-Roussillon, surtout depuis la prise de contrôle de *L'Indépendant* de Perpignan par *Midi libre* en décembre 1986. En effet, au lieu de conclure un accord de diffusion avec le quotidien de Montpellier, il a préféré lui vendre l'édition aveyronnaise de *Centre-Presse* en échange de 10 % de son capital, obtenant de ce fait même une position de choix pour son contrôle total du titre à l'heure de la succession de l'actuel PDG, Maurice Bujon, et une tête de pont pour d'autres prises de participation dans le sud de la France.

Au moment du décès de Gaston Defferre le 7 mai 1986, le nom de Robert Hersant a été également prononcé comme repreneur éventuel du groupe *Le Provençal*, qui comprend, outre le quotidien marseillais, *Le Soir*, *Le Méridional* et *Var-Matin*. Mais, si telle était vraiment son intention, ses ambitions ont été pour une fois battues en brèche par le groupe Hachette avec qui les héritiers de l'ancien maire de Marseille ont conclu le 2 juillet 1987 un accord au terme duquel ils gardent le contrôle rédactionnel des journaux du groupe jusqu'aux élections municipales de mars 1989, grâce à un échelonnement de la vente des actions. Cet engagement dans la cité phocéenne confirme le retour du groupe Hachette sur la scène de la presse quotidienne après la vente de *France-Soir*. Déjà en juin 1979, il avait pris une participation de 35 % dans le capital du quotidien de Chartres, *L'Écho républicain de la Beauce et du Perche*, le contrôle des *Dernières Nouvelles d'Alsace* à partir du 25 avril 1980 et une participation de 36,4 % dans le capital du *Parisien libéré* en novembre 1983. L'arrêt du projet de quotidien populaire national, *Oméga*, pour ne pas gêner la presse de province, laisse présager d'autres prises de participation et d'autres formes de collaboration avec les quotidiens régionaux. « La période est plus propice au rachat qu'au lancement d'un quotidien », indiquait le communiqué annonçant l'arrêt d'*Oméga*.

IV / Du monopole à la concurrence

Dans la décennie cinquante-soixante, au moment où elles commencent à fortifier leurs positions et à savourer les premiers fruits de leur réussite, étant pour leurs lecteurs le seul moyen de s'informer, de se cultiver et de se distraire, la presse quotidienne nationale et la presse de province voient arriver d'autres moyens de communication dont l'existence est rendue possible par l'évolution de la technique et de la société. Ce sont la radio, la télévision, les *newsmagazines* et la presse spécialisée.

1. La radio

Lorsque débutent, en 1921, les premières émissions de la tour Eiffel ou les émissions d'information lancées le 6 janvier 1923 par Maurice Privat, la presse n'y prête guère attention. Ce n'est qu'à partir de 1930 qu'elle commence à s'en inquiéter jusqu'à tenter de retarder le plus possible les émissions, en particulier sportives, et à réduire le nombre des bulletins d'information pour qu'elle n'ait pas trop à souffrir de cette nouvelle concurrence. Avec l'implantation de postes privés et d'État et une multiplication relativement rapide des récepteurs — un pour dix habitants en 1937 —, la radio commence à s'imposer. Mais la Seconde Guerre mondiale va modifier profondément son statut.

Sur le plan juridique, la Résistance lui impose la même révolution qu'à la presse écrite qui avait paru sous l'Occupation. Les radios privées de l'avant-guerre sont interdites au nom du principe qu'il fallait libérer tous les moyens d'information de l'influence des puissances d'argent. Un arrêté du 20 novembre 1944 réquisitionne tous les postes privés et l'ordonnance du 23 mars 1945 abroge « toutes les dispositions réglementaires ayant trait directement ou indirectement à l'exploitation des postes privés de radiodiffusion » (art. 3), renforçant ainsi le monopole absolu de radiodiffusion institué par les lois du 1er octobre 1941 et du 7 novembre 1942.

Ce monopole connaît certes des entorses, en particulier avec *Radio Monte-Carlo* qui avait été créée en 1942 par le gouvernement allemand pour étendre sa propagande à la zone libre et en Afrique du Nord, et que le nouveau pouvoir autorise à installer ses émetteurs en territoire français, sur les flancs du mont Agel, en 1945. D'autres radios peuvent encore être écoutées sur le territoire français, mais leurs émetteurs se trouvent à l'étranger : au Luxembourg pour *Radio-Luxembourg* et en Sarre, à 500 mètres de la frontière, pour *Europe n° 1*, née le 1er janvier 1955.

A côté de l'augmentation des stations émettrices, un progrès technique va modifier et amplifier la réception et l'écoute des messages radiophoniques : l'apparition et la multiplication des transistors.

Pendant longtemps, le poste de radio a été un meuble important autour duquel la famille tout entière se rassemblait pour écouter le même programme. En 1948, trois chercheurs du Bell Telephone Laboratories mettent au point le transistor qui va bouleverser complètement l'écoute de la radio. Désormais, on ne vient plus dans la même salle pour écouter les programmes. Le poste, grâce à sa miniaturisation, peut être déplacé et chacun peut le transporter dans les lieux où il a à faire. On se réveille avec la radio que l'on transporte dans la salle de bains et, en voiture, l'autoradio permet de garder le contact avec les réalités du monde. Dans chaque famille, chacun peut désormais s'isoler pour écouter le programme de son choix.

Alors que le nombre des postes ne cesse d'augmenter — 5,3 millions en 1945, 9,5 en 1955, 10,7 en 1958 et 15 en 1965 —, les programmes se diversifient. « Après les souffrances de la guerre, les auditeurs français, luxembourgeois ou belges écoutent la radio pour rire, se divertir et oublier », clame Louis Merlin sur *Radio-Luxembourg* où des émissions comme « La reine d'un jour » offrent du rêve et permettent parfois de modifier le cours d'une existence, comme ce soir où une « reine » de Bourg-en-Bresse retrouve sa sœur grâce à un appel lancé au cours de l'émission. A *Europe n° 1*, un mode de communication direct et un style précis pour exposer les événements le plus simplement possible font école auprès des autres radios. « Un sujet, un verbe, un complément », conseille Maurice Siégel à ses journalistes. « Quand vous voudrez ajouter un adjectif, vous viendrez me demander la permission. »

Le développement du microsillon multiplie les possibilités des programmes de variétés et offre à l'auditeur les dernières chansons de son chanteur préféré. Des émissions en public ou en direct comme *On chante dans mon quartier, Vous avez la parole, Les Beaux Jeudis* connaissent un grand succès. La radio permet également l'audition des chefs-d'œuvre de la musique classique ou des grandes tragédies et comédies. Les émissions littéraires attirent à la fois les auteurs confirmés et les nouveaux talents.

Pour l'information, la radio est souvent en avance sur le journal. Durant les nombreuses crises interministérielles de la IVe République, le journaliste de radio « grille » régulièrement son confrère de la presse écrite en donnant l'information au moment où le gouvernement est mis en minorité au Parlement et en répercutant les premières paroles du nouveau chef de gouvernement après sa rencontre avec le président de la République.

Cette diffusion instantanée des informations va apporter dans l'écriture journalistique une modification admirablement synthétisée par l'ancien directeur du *Monde*, Hubert Beuve-Méry : « La radio annonce l'événement, la télévision le montre, la presse l'explique. » Ainsi s'est accentué dans la presse écrite ce que Pierre Albert appelle un « journalisme d'expression » aux dépens d'« un journalisme d'observation » ou d'« un journalisme d'investigation ». Désormais le commentaire ou l'explication prime le fait ou la description du fait. Cette nouvelle pratique journalistique a été parfois justifiée par les directeurs de journaux pour des raisons économiques car le reportage coûte cher. Celui-ci est également peu valorisant pour le journaliste, plus sensible à un développement brillant d'idées. Si bien que, peu à peu, la plupart des articles prennent la forme d'éditoriaux bien charpentés et bien argumentés, n'ayant qu'une relation parfois lointaine à la réalité, avec cependant le risque décrit par Françoise Giroud : « Le plus humble chroniqueur de basket-ball se croirait déshonoré s'il ne donnait abondamment son opinion, tout en oubliant parfois de dire qui a marqué des buts. » A partir des années soixante, une nouvelle profession naît donc dans les journaux, celle de commentateur-éditorialiste, tandis que les services reportages grossissent dans les radios et à la télévision. Devant cette transformation, il est permis de se demander si l'une des causes lointaines de la crise de la presse française ne prend pas son origine dans cette modification du traitement de l'information. Le succès rencontré plus tard par *Libération*, qui a privilégié dès le début le reportage sur la synthèse, a montré qu'un quotidien pouvait trouver sa place dans un éventail déjà bien fourni. Il devrait pousser les directeurs de journaux à s'interroger pour savoir si la réussite d'un journal ne tient pas en fin de compte à un dosage subtil, dont le lecteur est le dernier juge, entre le caractère sacré du fait et la liberté du commentaire.

2. La télévision

S'il est difficile d'établir son acte de naissance officielle, tous les historiens s'accordent à dire que la télévision a été définitivement mise au point entre 1925 et 1930. La première émission officielle française a lieu le 26 avril 1935. Malgré l'annonce de la mise en place d'un vaste réseau national, la réception des images télévisées restera limitée à Paris jusqu'au 25 avril 1950, date de l'inauguration de la première station régionale à Lille. Il faudra attendre 1953 pour que le Parlement planifie l'édification en cinq ans (1954-1959) d'un réseau couvrant l'ensemble du territoire.

Ce retard pris par la France par rapport à d'autres pays européens s'explique sans doute par le fait que la télévision ne faisait pas partie des priorités dans l'effort de reconstruction après la guerre. Le nombre limité des récepteurs — quelques centaines en 1939, 10 000 en 1952 — vient du coût élevé du récepteur au standard de 819 lignes choisi le 20 novembre 1948 par François Mitterrand, alors secrétaire d'État à l'Information, et de la crainte de voir pénétrer dans les familles « un instrument d'abêtissement et d'asservissement ». Pour la presse, l'arrivée de ce mode de communication marque la naissance d'un nouveau concurrent potentiel. Au congrès de la Fédération de la presse à Alger en 1954, Albert Bayet invite ses collègues à le prendre en considération : « A l'heure actuelle, le nombre des récepteurs est peu élevé en France... Mais le travail d'équipement se poursuit méthodiquement et, lorsqu'il sera terminé, il est bien probable qu'on verra chez nous ce que l'on voit déjà aux États-Unis et en Angleterre : la montée en flèche des "spectauditeurs". La presse fera preuve de sagesse si elle n'attend pas ce moment pour étudier ce que doivent être ses rapports avec la radio-télévision. »

Déjà, depuis le 29 juin 1949, date du premier journal télévisé sous la responsabilité de Pierre Sabbagh, le téléspectateur découvre l'actualité en images. Mais la télévision dispose encore alors de peu de moyens : ce qui l'oblige le plus souvent à travailler en studio ou à filmer le théâtre. Néanmoins ses développements s'accélèrent tandis qu'augmente le nombre des téléviseurs : 24 000 en 1953, 500 000 en 1957, 1,3 million en 1960 et 3 millions en 1963. Des émissions se créent : *Lectures pour tous, En votre âme et conscience, La caméra explore le temps, Si c'était vous, Les Cinq Dernières Minutes, La Tête et les Jambes, La Piste aux étoiles...* Les retransmissions sportives font de bons scores d'audience. Les hommes politiques qui, jusque-là, avaient boudé le petit écran commencent à y apparaître. En janvier 1956, pour la première fois, la télévision rend compte des élections législatives et, au cours de la campagne de Suez, le gouvernement accepte d'intervenir directement pour expliquer la politique du pouvoir. En quelques années, la télévision a donc investi la plupart des centres d'intérêt des Français. La presse se demande comment elle pourra réagir devant cette concurrence qui a pour elle l'instantanéité et qui exerce sur le téléspectateur une telle fascination qu'il peut être tenté de délaisser le journal. « Auparavant, constate Pierre Lazareff, directeur de *France-Soir*, lorsque se produisait un événement, les gens sortaient dans la rue pour acheter le journal ; aujourd'hui, ils rentrent chez eux pour regarder la télévision. »

Comme la radio, la télévision va donc contribuer à modifier profondément le traitement de l'information par la presse en développant le reportage. « La première manière de faire l'information, disait Pierre Corval, rédacteur en chef adjoint du journal télévisé, c'est de dépêcher sur les lieux de l'événement un cameraman. » Une émission a symbolisé cette télévision d'enquête : *Cinq colonnes à la une*, qui, une fois par mois, de 1959 à 1968, sous la direction de Pierre Lazareff, Pierre Desgraupes, Pierre Dumayet et Igor Barrère, traitait l'actualité en un certain nombre de séquences où alternaient reportages et interviews. La réussite du genre est aussitôt saluée par les téléspectateurs qui désertent la rue pour suivre l'émission et par les critiques dont certains commentaires laissent deviner la force de la télévision par rapport à la presse. « Le grand journalisme fait son entrée sur le petit écran. La télévision a donné la preuve qu'elle pouvait être, même dans les réalisations les plus improvisées, cette merveilleuse machine à imprimer l'instant », écrit Jacques Chancel dans *Paris-Journal*, tandis que, de son côté, François Mauriac interroge dans *L'Express* : « L'imprudent M. Lazareff, avec son émission *Cinq colonnes à la une*, se rend-il compte qu'aucun reportage dans la presse n'approche de ce qu'il nous donne sur le petit écran ? »

Ce style de reportage qui va influencer l'ensemble de l'information télévisée commencera également, comme à la radio, à s'essouffler au bout de quelques années et obligera la télévision à redéfinir un style d'information, davantage axé sur la réflexion. « Nous tournons radicalement et résolument le dos à ce qui était notre attitude mentale et notre manière d'approcher les choses pendant dix ans, déclare Pierre Desgraupes en 1969 dans une interview à *Presse-Actualité. Cinq colonnes* était entièrement conditionné par l'événement... Désormais, notre sommaire sera commandé par l'analyse que nous ferons du monde. » A la « télévision d'enquête » succède la « télévision d'examen », obligeant de nouveau la presse à redéfinir son originalité dans le champ des médias.

Malgré le développement de la télévision avec le lancement de la deuxième chaîne le 18 avril 1964, l'arrivée de la couleur le 1er octobre 1967 et la création de la troisième chaîne le 31 décembre 1972, malgré l'augmentation du nombre des téléviseurs, la presse conserve son rôle irremplaçable comme instrument de réflexion et surtout, comme l'a montré la grève de vingt-six jours à *Sud-Ouest* en février-mars 1972, comme reflet de la vie locale et régionale.

Malgré une interférence entre les deux médias, le danger pour la presse écrite ne viendra pas tellement du contenu de l'information, mais de l'introduction de la publicité à la télévision qui suscitera les passions les plus vives.

Jusqu'en 1959, les recettes de la télévision étaient assurées principalement par la redevance qui a été instituée par la loi du 30 juillet 1949. Cependant, la loi de finances du 24 mai 1951 avait autorisé des « émissions compensées », réservées à la publicité collective d'intérêt national et plus spécialement aux produits agricoles. En faisant de la RTF un établissement public à caractère industriel et commercial, l'ordonnance du 4 février 1959 allait permettre à la publicité d'occuper une place de plus en plus importante si elle n'avait été bloquée en novembre 1960 par un amendement du sénateur André Diligent qui interdit à la RTF d'accepter de nouvelles sources de financement sans un vote du Parlement. Mais le déficit toujours croissant de l'ORTF, qui a remplacé la RTF (loi du 27 juin 1964), impose rapidement la nécessité de prendre des mesures. En 1967, passant outre à l'amendement Diligent, le pouvoir décide l'autorisation de la publicité de marques qui commence à apparaître sur le petit écran à partir du

1er octobre 1968 et dont la gestion est confiée à la Régie française de publicité, constituée en janvier 1969. Elle sera restreinte au début à deux minutes par jour pour passer à quatre minutes au 1er janvier 1969 et à huit minutes au 1er janvier 1970. La loi du 3 juillet 1972 décidera que la proportion de recettes provenant de la publicité de marques ne pourra excéder 25 % du total des ressources de l'ORTF.

Le coup est évidemment rude pour la presse qui voit, depuis 1968, une partie de ses recettes publicitaires diminuer au profit de la télévision. L'introduction progressive de la publicité sur FR3 à partir du 9 janvier 1984 relance le débat avec violence, surtout dans la presse régionale qui craint d'être confrontée à un manque à gagner important. Dans son rapport général sur le projet de loi de finances pour 1987, le sénateur Jean Cluzel indique cependant qu'en 1986, si FR3 a compté 260 annonceurs et plus de 360 produits différents, son chiffre d'affaires net a été de 37,8 millions de francs en 1984, 73,4 en 1985 et 107,6 en 1986 : « Il ne semble pas que les bouleversements que l'on pouvait craindre et que la presse locale et régionale redoutait, soient en fait survenus... Il faut toutefois préciser que les risques pour la presse régionale ou locale seraient effectivement très grands si la "désectorisation" du secteur de la distribution accompagnait la régionalisation des écrans publicitaires. »

3. Les newsmagazines

Il est difficile, voire illusoire, de tenter une classification de la presse périodique tant les titres sont nombreux et différents. On peut certes utiliser certains critères comme la périodicité, le contenu ou le format pour tenter d'y voir clair mais, à l'analyse, le résultat n'est pas très satisfaisant. Il est toutefois admis que, parmi les hebdomadaires d'information, on peut distinguer les magazines où l'image domine et ceux où le texte l'emporte sur l'illustration. Parmi ces derniers, plusieurs ont des caractéristiques communes que le langage a consacrées sous l'appellation *newsmagazines*. Selon Pierre Albert, ce sont des publications « de format réduit, au contenu bien ordonné, aux articles relativement brefs, visant à rendre un compte complet de l'ensemble de l'actualité et n'accordant aux commentaires qu'une place réduite ».

Ce type de publication est né aux États-Unis avec le lancement, le 1er mars 1923, de *Time* par deux jeunes reporters du *Baltimore News*. Ils avaient constaté que la plupart des Américains ignoraient à peu près tout des grands événements nationaux et internationaux et que la plupart des journaux, plutôt axés sur l'information locale, présentaient les informations de manière peu cohérente. Ils lancent donc un hebdomadaire dont ils définissent ainsi les objectifs : « Servir la nécessité moderne de garder les gens informés... et donner toutes les nouvelles d'une manière brève et organisée. » Le premier numéro est vendu à 9 000 exemplaires mais, en 1930, le tirage dépasse déjà 300 000 exemplaires et la formule va faire école. *Newsweek* est fondé le 17 février 1933 et, en Allemagne, *Der Spiegel* publie son premier numéro le 4 janvier 1947. En France, il faudra attendre 1964 pour voir deux hebdomadaires modifier leur présentation et adopter un style newsmagazine : *L'Express* et *Le Nouvel Observateur*.

Lorsqu'il publie son premier numéro le 16 mai 1953, *L'Express* se présente comme un supplément des *Échos* et il entend déjà satisfaire les besoins du lecteur qui n'a pas eu le temps de lire un quotidien durant la semaine. Dix ans plus tard, les guerres d'Indochine et d'Algérie sont terminées et la diffusion commence à marquer le pas : 167 072 exemplaires en 1961, 145 738 en 1963. Son fondateur, Jean-Jacques Servan-Schreiber, estime que la tribune politique qu'était son journal a fait son temps et que le moment est venu de lui trouver une formule plus commerciale et plus moderne. Le 21 septembre 1964 paraît le premier numéro de la nouvelle formule qui s'apparente aux *news* américains. Deux mois plus tard, le 19 novembre, *France-Observateur*, qui avait commencé de paraître le 13 avril 1950 sous le titre *L'Observateur*, effectue la même mutation en prenant le titre *Le Nouvel Observateur*. D'autres naissances jalonneront encore l'histoire de la presse hebdomadaire : *Valeurs actuelles*, l'héritier de *Aux écoutes de la finance*, qui devient un newsmagazine le 6 octobre 1966 ; *Le Point* lancé par une équipe dissidente de *L'Express* le 25 septembre 1972 ; *L'Événement du jeudi* fondé par Jean-François Kahn le 8 novembre 1984 et *Politis-Le Citoyen* dont le premier numéro a paru le 21 janvier 1988. Ce type journalistique n'a connu en France que deux échecs : *Magazine-Hebdo*, qui est lancé le 16 septembre 1983 et qui publie son dernier numéro le 11 janvier 1985. Le 2 mai 1983, Jean-Pierre Ramsay rachète *Les Nouvelles Littéraires* à Philippe Tesson pour les transformer en newsmagazine. L'expérience dure du 7 septembre 1983 au 29 juin 1984.

Les newsmagazines français ont souvent une orientation politique définie, qui peut d'ailleurs évoluer au gré des événements ou des changements de propriétaires, et leur fonction peut se résumer dans ce qu'affirmait Philippe Ramond dans une interview à *Presse-Actualité* (janvier 1975) lorsqu'il était directeur du *Point* : « Pour l'essentiel, les newsmagazines ont en commun le service qu'ils rendent aux lecteurs : mettre de l'ordre dans le chaos des événements bruts, c'est-à-dire les trier, les ranger et les expliquer. »

Grâce à cette écriture qui a l'ambition de dire l'essentiel en peu de mots et de ne rien omettre d'important, le newsmagazine offre à l'homme encombré, pressé et insatisfait de la surinformation de la presse quotidienne, un recyclage permanent et rapide sur les questions culturelles, sociales ou de politique nationale et internationale du moment. « C'est un hebdomadaire, affirmait Bruno Monnier lorsqu'il était directeur de *L'Express*, qui dispense éventuellement de lire les quotidiens. »

Au lendemain de leur transformation ou de leur lancement, tous les titres connaissent le succès : la diffusion de *L'Express* passe de 153 000 exemplaires en 1965 à 510 000 en 1970 et à 605 000 en 1974 tandis que, dans le même temps, *Le Nouvel Observateur* passe de 60 000 à 207 000, puis à 296 000 exemplaires. Deux ans après sa fondation, *Le Point* connaît déjà une diffusion de 184 000 exemplaires et, selon l'OJD de 1986, la diffusion de *L'Événement du jeudi* atteignait le chiffre de 108 634 exemplaires.

Comment expliquer le succès de ce type de publication ? Même si Jean-François Kahn explique celui de son hebdomadaire parce qu'il a rogné sur le lectorat de ses concurrents, en particulier *L'Express* et *Le Nouvel Observateur* et qu'il a su attirer une nouvelle catégorie de lecteurs par son indépendance de ton, il faut remarquer que les newsmagazines regroupent un lectorat dont les constantes se retrouvent, quelle que soit l'orientation ou la coloration politique du titre. Leur lecteur est le plus souvent de sexe masculin, relativement jeune et il habite une grande ville. C'est aussi un cadre qui bénéficie d'un pouvoir d'achat assez élevé.

La septième enquête Ipsos réalisée entre le 25 octobre 1988 et le 30 avril 1989 auprès de 4 200 cadres, dont 3 200 cadres supérieurs, apporte des éléments intéressants sur les habitudes de lecture de cette population qui représente 4,7 millions de personnes. Cette étude fait apparaître que la presse quotidienne nationale est en régression par rapport à 1988* tandis que les newsmagazines sont en progression. Dans la première catégorie, *Le Monde* arrive en tête avec 18,5 % des personnes interrogées (19,2) contre 12,9 % au *Figaro* (14,3) et 9,6 % à *Libération* (9,9). Dans la seconde catégorie, 16,7 % des cadres préfèrent *L'Express* contre 15,2 % au *Nouvel Observateur* (13,9), 13,3 % au *Point* (14), 8 % à *L'Événement du jeudi* (7,9) et 4,3 % à *Valeurs actuelles* (4,1). Dans la presse économique, *Les Échos* occupent toujours la place de leader avec 15,2 % (14,6), contre 14,1 % à *L'Expansion* (13,9), 11,4 % au *Figaro-Économie* (12,3), 11,9 % à *L'Usine nouvelle* (12,3), 4,2 % à *La Vie française* (4,3). Enfin, c'est le magazine *Géo* qui réalise à la fois la meilleure pénétration et la meilleure progression dans cette catégorie socio-professionnelle avec 24,4 % contre 19,7 en 1988 (26,1 % chez les cadres supérieurs).

Cette enquête illustre bien, si besoin était, que la presse reste tributaire des évolutions de la société. *Au public* se sont substitués *des publics* que satisfait la presse spécialisée dans son extrême diversité.

---

* Les chiffres de l'enquête réalisée en 1988 sont entre parenthèses.

4. La presse spécialisée

« Les succès importants des années futures, prédisait déjà en 1964 le sociologue américain Theodor Peterson, reviendront certainement aux magazines s'adressant à un public clairement défini, possédant des goûts, des besoins et des intérêts particuliers. » La presse quotidienne offre à ses lecteurs « un peu de tout, tous les jours » et les newsmagazines, « un peu de tout, toutes les semaines ». Dans la presse spécialisée, le lecteur veut au contraire « tout trouver sur » ce qui est l'objet de sa curiosité.

Certes, cette dernière forme de presse ne date pas d'hier. Comme on l'a vu, elle a connu en France un certain développement dans l'entre-deux-guerres et ses origines plongent leurs racines jusque dans le XVIIIe siècle. Mais, aux alentours des années soixante, elle connaît une véritable explosion dans les secteurs déjà existants où les titres vont désormais se décliner au gré des cibles de plus en plus restreintes et de plus en plus pointues. A côté des médias de masse se multiplient des médias de groupes, de classes, de tranches d'âge. Dans certains secteurs, lorsqu'une publication reste trop généraliste, elle voit fondre peu à peu son lectorat. En 1960, *Marie-Claire* diffusait 1 021 298 exemplaires. Dix ans plus tard, sa diffusion est tombée à 692 663 exemplaires.

Un exemple parmi d'autres illustre parfaitement la réussite de la prise en compte de cette atomisation du lectorat : l'évolution des publications du secteur « jeunes » à Bayard-Presse. Depuis toujours, ce groupe s'est intéressé à cette catégorie de population et les publications destinées à ce(s) public(s) jalonnent son existence. Avant la Seconde Guerre mondiale, les créations se sont succédé selon deux filières où le « chaînage », c'est-à-dire l'existence de publications s'adressant à des âges successifs et renvoyant de l'une à l'autre, voit déjà le jour. La première filière prend ses origines dans *Le Noël* qui, fondé en 1895, comporte une double lignée, s'adressant l'une au milieu aisé et l'autre au milieu populaire, et qui aura même une édition espagnole fondée à Buenos Aires en 1920. La seconde part de *La Croix* avec *La Croix des jeunes* en 1922, *A la page* en 1930 et *Belle jeunesse* en 1937. La deuxième génération naît en 1966 avec *Pomme d'api* pour les 3-6 ans, *Okapi* en 1971 pour les 10-14 ans, *Astrapi* en 1978 pour les 7-10 ans et *Phosphore* pour les 14-18 ans en 1981. Ce chaînage, qui s'est dédoublé dans une ligne « magazines de lecture » pour les trois premiers titres avec le lancement des *Belles histoires de Pomme d'api* en 1972, de *J'aime lire* en 1977 et de *Je bouquine* en 1984, a ajouté un maillon supplémentaire en septembre 1986 avec la parution de *Popi* pour les enfants de 18 mois à 3 ans.

Les causes du succès de la presse spécialisée sont à la fois économiques et sociologiques.

Le lancement d'un quotidien ou d'un hebdomadaire nécessite des investissements très importants et il s'écoule toujours un temps relativement long, les premiers moments de curiosité passés, avant que ce type de publication ne puisse fidéliser ses lecteurs et, *a fortiori*, séduire les annonceurs. Il y a quelques années, pour lancer un quotidien, il fallait réunir au départ au moins 50 millions de francs et en posséder autant en réserve pour espérer paraître pendant quelque temps. C'était la somme qui avait été réunie pour *J'informe*, le quotidien fondé par Joseph Fontanet le 19 septembre 1977. Le lancement du *Point* en 1972 a coûté 38 millions à Hachette. Aujourd'hui, les chiffres annoncés ont évidemment augmenté. Il aurait fallu 150 millions pour lancer *Le Grand Paris* et, selon les observateurs, Hachette avait gardé en réserve 500 millions de francs pour le démarrage, en 1988, de son quotidien populaire, le projet *Oméga*.

Pour un magazine spécialisé, les investissements nécessaires sont au contraire bien moindres et, lorsque sa cible est bien définie, il voit aussitôt affluer la publicité. *Alma*, le magazine féminin haut de gamme lancé par Bayard-Presse le 15 octobre 1986, n'a jamais atteint son objectif de 150 000 exemplaires de diffusion. Mais sa cible, « les mamans de choc », c'est-à-dire les jeunes femmes actives, mères de petits enfants, plutôt citadines, instruites, ouvertes au monde et ayant l'ambition de réussir leur vie professionnelle, leur vie de famille et de loisirs, a aussitôt séduit les annonceurs. Lorsque la publication s'est arrêtée avec le huitième numéro,

TABLEAU III. — TIRAGE ANNUEL DE LA PRESSE FRANÇAISE EN 1986 (en milliers d'exemplaires)

Catégorie	Nombre de titres	Tirage
Quotidiens nationaux		*1 066 355*
Quotidiens du matin	6	506 258
Quotidiens du soir	4	348 258
Quotidiens spécialisés	4	211 839
Hebdomadaires nationaux d'information générale et politique		*309 207*
Magazines d'information	5	90 802
Magazines d'information illustrés	5	118 689
Autres hebdomadaires nationaux	20	99 716
Quotidiens régionaux et locaux		*2 661 159*
Presse quotidienne	75	2 254 074
Quotidiens du 7e jour	22	201 344
Presse départementale et locale non quotidienne		*205 741*
Hebdomadaires et mensuels locaux	225	155 260
Périodiques d'opinion	14	13 071
Magazines régionaux et locaux	26	6 663
Magazines d'annonces judiciaires et légales	73	30 747
Périodiques « grand public »		*3 867 545*
Presse TV/spectacles	35	622 070
Presse féminine et presse du cœur	57	437 482
Presse de loisirs	305	198 865
Bandes dessinées	136	102 862
Presse des jeunes	31	73 682
Presse culturelle	45	30 799
Presse sportive	75	405 733
Presse maison/décoration	22	28 716
Presse masculine	12	20 711
Presse économique	19	75 851
Presse sensation/évasion	21	285 600
Presse de vulgarisation scientifique et technique	12	15 840
Presse familiale et sociale	27	59 265
Journaux d'annonces payants	33	21 001
Journaux d'annonces gratuits	404	1 489 068
Périodiques « techniques et professionnels »		*344 604*
Agriculture, sylviculture, pêche	149	86 928
Industrie agro-alimentaire	42	6 638
Production et distribution d'énergie	17	741
Industrie des biens intermédiaires	41	1 662
Industrie des biens d'équipement	48	6 277
Industrie des biens de consommation courante	61	5 773
Industrie de mise en œuvre du bâtiment, génie civil et agricole	49	10 129
Commerce	67	9 254
Transports et télécommunications	24	7 275
Profession gestion immobilière	13	2 068
Assurances	8	1 440
Organismes financiers et boursiers	16	12 764
Services non marchands	137	8 855
Services marchands	255	89 207
Presse médicale	248	95 593
TOTAL		*8 454 611*

Source : SJTI.

les objectifs des revenus provenant de la publicité étaient largement dépassés.

Du point de vue sociologique, le succès de la presse spécialisée trouve son explication dans la transformation de la société, en particulier dans la progression du niveau de vie, la redéfinition des temps de travail et de loisirs, le progrès de l'éducation et, plus profondément aujourd'hui, dans le déclin des structures collectives au profit de l'affirmation de l'individu et de l'institutionnalisation de la vie privée. A côté des médias universels comme la télévision ou la presse généraliste, et souvent à leurs dépens, la presse spécialisée crée la proximité, devenant le miroir où le lecteur contemple son milieu, ses affinités et ses besoins. Le développement de la micro-informatique, par exemple, n'a pas seulement provoqué la création d'une soixantaine de titres depuis vingt ans. Elle a également suscité la création de clubs où les initiés et les non-spécialistes se regroupent pour échanger des informations et du matériel, loin des bruits du monde. Insensiblement mais irrémédiablement, la plupart de ces lecteurs ne deviennent plus que des lecteurs occasionnels de la presse quotidienne dont la vocation l'empêche de les rejoindre au niveau de leurs goûts et de leurs besoins.

V / La naissance des groupes multimédias

Le langage est souvent révélateur des transformations qui
s'opèrent dans la société. C'est ainsi que, dans le domaine
de l'information, on a parlé, vers les années cinquante, de
la naissance des groupes de presse définis par Yves L'Her,
ancien rédacteur en chef de *Presse-Actualité*, comme « un
faisceau de titres divers, soumis à une même puissance financière qui peut être un homme, une société ou un jeu de sociétés animées par une même personne dont l'influence est
prépondérante dans les conseils d'administration ». Dans les
années quatre-vingt, cette réalité subsiste mais, pour la dési-
gner ou la caractériser, on préfère employer les expressions
« groupe de communication » ou « groupe multimédias »
qui marquent l'avènement des « nouveaux médias ». Cette
terminologie reflète certes des évolutions qui se sont produites dans la presse ou l'audiovisuel, mais aussi l'avènement
de nouveaux modes de communication résultant de progrès
technologiques ou de modifications sur le plan juridique. En
effet, si la télématique, le câble ou les satellites de diffusion
directe apparaissent comme de nouveaux moyens rendus possibles par le progrès technologique, les radios libres et les
télévisions privées ne sont à proprement parler des « nouveaux médias » que par les possibilités différentes autorisées
par le législateur.

Avant même leur apparition et leur expérimentation, la
presse quotidienne, en particulier la presse de province, s'est

inquiétée de l'apparition de ces nouveaux concurrents possibles car elle estimait qu'il lui était difficile d'engager la lutte avec sérénité. Cependant, sous peine d'être définitivement balayée du champ de la communication, il lui fallait relever le défi de ces nouveaux modes d'information et tenter d'y apporter son expérience et son savoir-faire.

1. La télématique

Le terme « télématique » a été forgé par Simon Nora et Alain Minc. Il apparaît dans le rapport sur l'informatisation de la société qu'ils ont remis au président Giscard d'Estaing le 20 janvier 1978. Il recouvre le mariage de l'informatique, des télécommunications et des techniques audiovisuelles. Pourtant, ce n'est qu'en 1981 que le grand public en découvrira les multiples facettes lorsque Louis Mexandeau, ministre des PTT, inaugure le 9 juillet l'expérience télématique de Vélizy. Cette expérience a été décidée par le gouvernement précédent le 30 novembre 1978 en conseil restreint qui prévoit également, en Ille-et-Vilaine, un test de remplacement de l'annuaire téléphonique sur support papier par l'annuaire électronique.

Le développement de la télématique constitue sans nul doute une chance considérable pour l'économie française qui a acquis, dans le domaine, une avance non négligeable sur ses concurrents étrangers et qui espère exporter son savoir-faire en la matière. Mais il se heurte immédiatement à l'hostilité de la presse, en particulier de la presse quotidienne régionale qui y voit un concurrent sérieux capable, s'il se popularise, de menacer rapidement son équilibre précaire et fragile. Malgré les propos rassurants de la puissante Direction générale des Télécommunications (DGT) qui insiste sur la complémentarité des deux médias, la plupart des directeurs de journaux manifestent leur inquiétude et, comme l'écrit Daniel Jubert dans *La Presse de la Manche* le 22 mars 1980, dans ce match du siècle du télétexte contre le papier, « toute la question est de savoir s'il s'agit de la complémentarité du cheval et du cavalier ou de celle du loup et de l'agneau qui sont, eux aussi, complémentaires ».

Les premiers groupes

Selon le classement annuel de *L'Expansion*, 14 groupes de presse ont dépassé le cap du milliard de francs de chiffre d'affaires en 1988 contre 12 en 1987, 10 en 1986, 7 en 1985 et 5 en 1984 : Hachette, groupe Hersant, Éditions Mondiales, Ouest-France, CEP Communication, Prisma Presse, Éditions Amaury, Publications Filipacchi, Bayard-Presse, Groupe Le Monde, Publications de La Vie catholique, Sud-Ouest, L'Express et groupe Expansion. L'expansion au niveau international, commencée en 1985-1986, s'est accentuée et a conduit à des concentrations par le jeu des OPA. Comme le note Pierre Todorov, maître des requêtes au Conseil d'État, les politiques d'investissements à l'étranger revêtent des formes très diverses : rachat ou prise de contrôle (Hachette et Diamandis), prises de participations croisées (Rizzoli et Hachette), création d'une holding internationale (Eurexpansion) ; création de produits, qui sont la reproduction ou l'adaptation de titres, de concepts ou d'un savoir-faire ayant fait leurs preuves sur le plan national, par le biais de filiales (Prisma Presse et Grüner und Jahr), des accords de joint-venture ou de coédition (Springer et les Éditions Mondiales pour *Auto-Plus*) ou des accords de licence (stratégie de Bayard-Presse dans le domaine de la presse des jeunes).

(Les chiffres d'affaires sont en millions de francs.)

1. Hachette (CA : 1985 : 3 383 ; 1986 : 3 920 ; 1988 : 8 375)

Chiffres concernant uniquement les activités presse, en dehors de l'édition, l'imprimerie, l'audiovisuel et la distribution. **Quotidiens :** groupe *Le Provençal*, *Les Dernières Nouvelles d'Alsace*, 35 % de *L'Écho républicain de la Beauce et du Perche*, 36,4 % du *Parisien libéré*. **Quotidien du 7e jour :** *Le Journal du dimanche*. **Presse spécialisée :** *Télé 7 jours*, *Elle*, *Parents*, *Confidences*, *France-Dimanche*, *Vital*, *Fortune*, *Elle Décoration*... **Étranger :** Groupe Diamandis aux États-Unis où il est le cinquième groupe de presse après Time Warner, Hearst, News Corporation et Conde Nast ; *Elle* (diffusé dans 17 pays) ; filiale en Espagne (Hachette Publicaciones)...

2. Groupe Hersant (CA 1985 : 6 000 ; 1986 : 6 300 ; 1988 : 7 200)

Chiffres estimés. **Quotidiens :** *Le Figaro* et ses suppléments, *France-Soir*, *Le Dauphiné libéré*, *Le Progrès*, *Paris-Normandie*, *Centre-Presse*, *La Liberté du Morbihan*, *Presse-Océan*, *L'Éclair*, *France-Antilles*, *Les Nouvelles calédoniennes*, *Les Nouvelles* à Tahiti... **Hebdomadaires :** *Pays d'Auge*, *Les Nouvelles de Falaise*, *La Renaissance du Bessin*, *La Voix-Le-Bocage*, *La Tribune* (Montélimar), *La Maurienne*, *L'Indépendant du Haut-Jura*, *Jours de France*... **Presse spécialisée :** *L'Auto-Journal*, *30 Millions d'amis*, *La Vie des bêtes*, *Sport Auto*, *L'Ami des jardins*, *Bateaux*, *Le Journal du téléphone*... **Gratuits :** *Nord-Hebdo*, *Hebdo Saint-Étienne*, *La Gazette de Giers*, *Info Semaine* (Lyon, Grenoble), *La Semaine* (Valence), *Le Martiniquais*, *Le Guadeloupéen*. **Étranger :** 40 % de la SA Rossel, éditrice du *Soir*, *L'Écho du Centre*, *Le Rappel*, *Le Journal du Centre* en Belgique ; 45 % du quotidien *Alerta* (Santander) et 70 % du quotidien d'Oviedo, *El Correo de Asturias*.

de presse en France

3. Éditions Mondiales (CA 1985 : 1 514 ; 1986 : 1 530 ; 1988 : 2 000)

Filiale à 100 % du groupe Cora-Révillon. **Hebdomadaires :** *Le Sport*, 10 % du *Point*. **Presse spécialisée :** *Télé-Poche, Modes et Travaux, Nous Deux, Intimité, Tilt, Diapason, Caméra-Vidéo, Grands Reportages, Montagnes Magazine, Auto Plus, Joyce, La Veillée des Chaumières*. **Étranger :** *Humo* et *Télé Moustique* en Belgique.

4. Ouest-France (CA 1985 : 900 ; 1986 : 1 065 ; 1988 : 1 777,3)

Quotidiens : *Ouest-France, La Presse de la Manche*. **Hebdomadaires :** *Le Marin, Le Trégor, La Presse d'Armor*. **Gratuit :** *Le Carillon*. **Presse spécialisée :** 50 % de *Voiles et Voiliers* et 49 % de *L'Entreprise* (groupe Expansion).

5. CEP Communication (CA 1985 : 1 183 ; 1986 : 1 092 ; 1988 : 1 761)

35 % du capital sont possédés par Havas et 23 % par la Générale Occidentale. **Presse spécialisée :** *Le Nouvel Économiste* (44 %), *Usine nouvelle, Le Moniteur, 01 Informatique, 01 Références, La Lettre de l'industrie informatique, Ressources temps réel, Décision informatique, L'Ordinateur individuel, Temps micro PC, Urbanisme, Profession textile*, 51 % des Nouvelles Éditions de publications agricoles qui éditent notamment *La France agricole*. **Étranger :** 40 % du groupe Alfa Linéa, 49 % du groupe Boixareu Editores, leader en Italie et en Espagne de la presse informatique.

6. Prisma Presse (CA 1985 : 1 077 ; 1986 : 1 092 ; 1988 : 1 681,3)

(Filiale française du groupe allemand Grüner und Jahr qui est lui-même détenu à 74,9 % par Bertelsmann). **Presse spécialisée :** *Géo, Ça m'intéresse, Femme actuelle, Prima, Télé loisirs, Voici, Guide cuisine, Cuisine nouvelle*.

7. Éditions Amaury (CA 1985 : 1 280 ; 1986 : 1 434 ; 1988 : 1 642)

Quotidiens : *Le Parisien libéré, Le Maine libre, Le Courrier de l'Ouest*. **Presse spécialisée :** *L'Équipe, Tennis de France, Golf*.

8. Groupe Filipacchi (CA 1985 : 1 305 ; 1986 : 1 401 ; 1988 : 1 619,6)

Hebdomadaire : *Paris-Match*. **Presse spécialisée :** *Salut, Podium, OK, Pariscope, Lui, New Look*.

9. Bayard-Presse (CA 1985 : 976 ; 1986 : 1 092 ; 1988 : 1 336,7)

56 titres en 1990 : 30 en France et 26 à l'étranger. **Quotidien :** *La Croix*. **Hebdomadaire :** *Pèlerin Magazine*. **Presse spécialisée :** *Notre Temps, Vermeil, La Documentation catholique, Prions en Église, Le Monde de la Bible, Signes, La Foi aujourd'hui, Popi, Astrapi, Okapi, Les Belles Histoires, J'aime lire, Phosphore, I Love English, Bonne Soirée...* **Étranger :** filiales à Hong-Kong, en Belgique, en Espagne, à Taïwan, au Canada, en Grande-Bretagne et en Italie.

10. Groupe Le Monde (CA 1985 : 795,8 ; 1986 : 936,5 ; 1988 : 1 238,8)

Quotidien : *Le Monde*. **Presse spécialisée :** *Le Monde diplomatique, Le Monde de l'éducation, Le Monde des philatélistes*.

En effet, le minitel que la DGT installe gratuitement chez les abonnés au téléphone pour la consultation de l'annuaire électronique est en réalité un terminal multifonctions grâce auquel l'usager peut se connecter aux nombreuses banques de données qui sont en train de se constituer et recevoir chez lui les multiples informations et services qu'il était habitué à trouver dans son journal : adresse des médecins et des pharmaciens de garde, programmes de cinéma et de théâtre, météo, offres d'emplois, etc. Les attaques contre l'intrus fusent de toutes parts, menées par François-Régis Hutin, le directeur du premier quotidien français, *Ouest-France*. « Les technocrates des PTT, accuse-t-il, ont trouvé un bien mauvais prétexte ; ils savent qu'à partir de l'annuaire électronique ils développeront une multitude de services télématiques qui menaceront l'existence de la presse écrite et finiront par perturber les Français. » En novembre 1981, l'Union des syndicats de la presse quotidienne régionale publie à son tour un livre blanc intitulé *Télématique et presse régionale* où elle « juge nécessaire de rappeler les règles qui lui paraissent devoir être respectées » à propos des nouveaux médias et insiste sur la nécessité de mettre rapidement au point une réglementation appropriée de la télématique.

Malgré l'hostilité de la plupart des directeurs de journaux, des expériences voient cependant le jour et sont parfois même réalisées par des quotidiens de province comme *Le Républicain lorrain*, *Les Dernières Nouvelles d'Alsace*, *Paris-Normandie*, *Le Courrier picard* ou *Nice-Matin*. De son côté, le pouvoir, menacé par Robert-André Vivien, président de la commission des Finances à l'Assemblée nationale, de voir bloqué le budget des PTT, tente d'apaiser les passions et décide le 14 novembre 1980 une première mesure : la création d'une commission chargée de suivre les expériences de Vélizy et de l'annuaire électronique, qui annonce l'obtention de garanties et d'aides non négligeables pour la presse.

Dès son arrivée au pouvoir en mars 1981, la gauche annonce qu'elle met une sourdine aux ambitions du gouvernement précédent et, lors de la première séance de la commission du suivi des expériences de télématique en janvier 1982, M. Mexandeau précise qu'il « n'est pas admissible qu'une technique mal maîtrisée puisse déstabiliser le corps social et modifier de manière irréversible et incontrôlée les systèmes existants de diffusion de l'information ». Quelques semaines plus tard, la Fédération nationale de la presse française peut publier à l'intention de ses adhérents le catalogue des concessions qu'elle a obtenues : le développement des expériences télématiques est désormais fondé sur le volontariat et non imposé à tous de façon autoritaire. Dorénavant, les minitels ne sont donc implantés que chez ceux qui en font la demande. Par ailleurs, les annonces classées ne peuvent être exploitées que par des entreprises de presse, et les entreprises commerciales qui n'ont pas dans leur objet principal de produire de l'information ne peuvent pas être éditeurs sur ces nouveaux médias, à moins d'être soumis à toutes les règles régissant le droit de l'information. Enfin, pour ce qui est de l'annuaire électronique, il est entendu que les pages publicitaires seront limitées et qu'elles ne pourront être actualisées à moins d'un an.

L'expérience de Vélizy qui, initialement, devait s'arrêter fin 1982, connaît un tel succès que le gouvernement décide de l'étendre. Au bout de six mois d'existence, 2 200 terminaux sont déjà installés et, au cours du Conseil des ministres du 30 mars 1983, M. Mexandeau peut annoncer les grands axes du développement de l'annuaire électronique dans les régions pour les années à venir : Ile-de-France, Bretagne et Picardie en 1983 ; Nord-Pas-de-Calais, Lorraine, Alsace, Basse-Normandie et Provence-Côte d'Azur en 1984 ; Haute-Normandie, Centre, Rhône-Alpes, Aquitaine, Midi-Pyrénées et Languedoc-Roussillon en 1985 ; Pays-de-Loire, Bourgogne, Champagne-Ardennes, Poitou-Charentes, Limousin et Auvergne en 1986 ; Franche-Comté et Corse en 1987.

Malgré les réticences de certains directeurs de journaux, la presse est néanmoins présente dans l'expérience de Vélizy, notamment par le biais d'un groupement d'intérêt économique, le Comité technique intersyndical de recherche (CTIR), qui propose le « Journal électronique français » (JEF) et à travers lequel un certain nombre d'entreprises de presse acquièrent un savoir-faire qui leur permettra de s'adapter aux nouvelles technologies. De plus, pour cette adaptation, elles auront l'avantage d'être protégées légalement. Pour éviter une concurrence de la part d'entreprises étrangères à la presse, la loi du 29 juillet 1982 stipule en effet que les services télématiques interactifs doivent être soumis à autorisation. Par ailleurs, le cahier des charges que doivent obligatoirement souscrire les prestataires de service, interdit à ceux-ci de sortir de leur objet social et réserve à la presse la publication des petites annonces.

Autre bataille menée par la presse pour la sauvegarde de l'écrit : la légalisation de l'extension à la presse électronique de tous les avantages accordés aux journaux, en particulier l'élargissement de la base d'application de l'article 39 *bis* du Code des impôts qui permet aux entreprises de presse d'affecter en franchise d'impôt, sous forme de provisions pour investissements, une partie des bénéfices pour l'acquisition d'éléments d'actifs nécessaires à leur exploitation. L'accord sur ce point viendra de la nouvelle majorité lorsque, présentant le 10 juin 1986 la proposition de loi sur la presse, François Léotard, ministre de la Culture et de la Communication, prend en compte deux mesures préconisées par Michel Péricard dans son rapport présenté le 6 juin au nom de la commission des Affaires culturelles, familiales et sociales. Le 25 novembre 1986, une circulaire vient concrétiser les promesses du ministre et autorise les quotidiens et les publications assimilées à affecter, à partir du 1er juillet 1987, respectivement 60 et 30 % de leurs bénéfices au développement de la télématique à condition que l'affectation soit faite avant la cinquième année suivant celle de sa constitution.

Comment se présente aujourd'hui le panorama de la communication télématique mise en place par les différents journaux ? Les conclusions auxquelles est arrivée la Commission de la télématique laissent voir des traits dominants et des stratégies différentes selon les titres.

Contrairement à ce que craignaient certains directeurs, la télématique ne s'est pas posée en concurrente de la presse. Bien au contraire. Parmi les journaux qui se sont engagés dans ce mode de communication, il n'y a eu ni effondrement, ni retour précipité au point de départ. Les succès des premiers qui s'y sont engagés ont même provoqué un développement des applications, et la presse quotidienne occupe une position dominante comme l'a montré une étude réalisée en mars 1986 par Bénédicte Pigasse pour la société Quadrature : quotidiens, 28,5 % ; mensuels, 20,4 % ; hebdomadaires, 15,3 % ; édition communication, 13,2 % ; nouveaux éditeurs, 9,1 % ; divers presse, 8,1 % ; audiovisuel, 5,1 % ; divers, 0,3 %. Il apparaît également que la DGT, qui faisait figure d'épouvantail à l'origine, a contribué, par le développement de l'annuaire électronique et la distribution gratuite du minitel, à assurer le succès de ce nouveau mode de communication. Selon les chiffres rendus publics le 5 avril 1987 par le ministre des PTT, il y avait 2 237 000 appareils installés fin 1986 contre 530 000 au 31 décembre 1984. En 1986, il y a eu 30 millions d'heures de connexion représentant 287 millions d'appels. Une enquête effectuée par la DGT auprès des centres serveurs fait également apparaître que l'annuaire électronique, les services de loisirs et les jeux sont les services les plus utilisés (17 % chacun), suivis par les messageries (16 %), les services de vie pratique (15 %), les informations générales (7 %), les renseignements bancaires (6 %) et les applications professionnelles spécialisées (5 %), et que l'utilisation du minitel est le fait des strates les plus jeunes et les plus aisées de la population.

Dans les rapports élaborés par la Commission télématique [17], les auteurs font apparaître que les journaux ont employé des stratégies de diversification différentes et que l'on peut les regrouper en quatre catégories :

— ceux qui comme *Le Parisien libéré, Libération, Les Dernières Nouvelles d'Alsace, Le Bien public* et ses partenaires du groupement d'intérêt économique « Bourgogne républicaine » *(Le Courrier de Saône-et-Loire, Le Journal du Centre* et *L'Yonne républicaine)* se sont engagés immédiatement dans la télématique grand public en proposant un ensemble très varié de services : journal électronique, messageries, jeux, petites annonces, etc. ;

— ceux qui, comme *Le Provençal* ou *Le Courrier picard*,

ont préféré opter pour une télématique professionnelle ou institutionnelle en offrant à leurs partenaires, comme la région Picardie pour *Le Courrier picard*, les capacités d'un centre serveur ou en mettant à leur disposition des logiciels ou des équipes pour réaliser des prestations de service ;

— ceux qui assurent un simple suivisme en donnant la priorité à la radio ou à la télévision : les journaux du groupe Hersant, *Midi libre*, *L'Est républicain*, le groupe Bayard-Presse ;

— ceux qui, comme *Ouest-France* ou *La Montagne*, continuent à se méfier de la télématique, n'investissent que dans des opérations assez minimes et considèrent la diversification multimédias comme un risque inutile.

Sans doute convient-il de nuancer cette classification car, depuis la publication de ces rapports, la situation a parfois évolué dans les journaux. Par exemple, *Le Monde* est désormais présent sur le réseau télématique depuis le 15 septembre 1986 et les petites annonces du *Figaro* peuvent être consultées par ce moyen depuis le 16 mars 1986. Bayard-Presse, dont les investissements dans ce secteur ont été assez marginaux par rapport à ceux que le groupe fait pour le développement de la presse écrite, a mis en place en 1984 deux banques de données, celles de *La Croix* et du bimensuel *La Documentation catholique*, ainsi qu'un service télématique en 1987 à l'intention des jeunes à partir de son mensuel *Phosphore*. *Ouest-France* a également ouvert un centre serveur en 1986, Télématique et Communication, qui totalise environ 10 000 heures de connexion par mois et qui offre une cinquantaine de services.

Pour certains observateurs pour qui les années 1981-1983 ont été celles de l'opportunité et les années 1984-1985, celles de l'essor économique, la communication télématique se trouve néanmoins aujourd'hui à la croisée des chemins. Même si certains services, comme ceux du *Parisien libéré*, du *Nouvel Observateur*, de *Libération* ou des *Dernières Nouvelles d'Alsace*, ont déjà dégagé des marges bénéficiaires importantes, notamment par le biais des messageries, l'avenir n'est plus aussi assuré. L'une des causes est que si la montée en charge de ce type de communication n'a cessé de grimper en raison de la minitélisation progressive du territoire français, il risque désormais de plafonner puisque cette opération est terminée. Par ailleurs, toutes les données dont on disposait jusqu'ici risquent d'être bouleversées par l'ouverture de nouveaux numéros d'appel et de nouveaux tarifs (arrêté du 8 juillet 1987 publié au *Journal officiel* du 29 juillet 1987). Cette extension du numéro 3615, qui était réservé depuis mars 1984 aux organes de presse titulaires d'un numéro d'inscription à la Commission paritaire, ainsi qu'aux radios locales ayant une autorisation d'émettre, répond au souhait du ministère des PTT de moraliser la communication télématique en instituant des paliers plus chers pour les services « à valeur ajoutée », comme les banques de données ou les services bancaires, et un palier moins rentable pour les messageries roses. Celle-ci va sans doute connaître une régression après l'adoption par les députés le 27 octobre 1987 et par les sénateurs le 30 novembre suivant d'un amendement selon lequel, « à compter du 1er janvier 1989, il est créé une taxe de 33 % sur les sommes dues aux fournisseurs de services diffusés par Télétel 3615, lorsque ces services, proposés directement ou indirectement au public, ont un caractère pornographique par leur description ou leur contenu et font, dans l'année en cours, l'objet de publicité par affichage ou tout moyen audiovisuel ». Aussi, comme le faisait déjà remarquer une étude publiée en mai 1987 par le Bureau d'informations et de prévisions économiques (BIPE), *Télématique, la fin des années roses*, on peut se demander si, face à la concentration de l'offre des services grand public, les petits éditeurs seront en mesure de s'aligner sur les tarifs les plus bas et si, dans les systèmes à valeur ajoutée et donc chers, la demande sera au rendez-vous.

2. Les radios locales privées

Entre les deux guerres, la France a fait une première expérience des radios privées. Autorisées par le décret du 28 décembre 1926, elles connaîtront une liberté relative jusqu'à la guerre avant d'être interdites à la Libération par l'ordonnance du 23 mars 1945. Toute la législation qui suivra confortera l'emprise de l'État jusqu'à la loi du 9 novembre 1981 qui porte dérogation au monopole d'État de la radiodiffusion.

Les premières escarmouches des radios locales contre la tutelle de l'État sur les ondes remontent à 1977. Le 20 mars, en direct sur *TF1*, Brice Lalonde prend à témoin les téléspectateurs qui suivent l'émission consacrée aux élections municipales de la naissance de la première « radio pirate ». D'autres s'engouffreront rapidement dans la brèche ouverte : *Radio verte Fessenheim, Radio Fil bleu* à Montpellier, *Radio libre Toulouse*, etc.

Devant cette poussée, le pouvoir qui, par la voix de Valéry Giscard d'Estaing, les avait déjà récusées en janvier 1976 dans une interview à *Télé 7 jours*, en déclarant qu'elles créeraient des difficultés à la presse quotidienne régionale, tente une parade : la création, par le biais de sociétés déjà chargées de l'exercice du monopole, de radios locales qui prendraient en compte l'actualité régionale et locale et qui donneraient la parole aux associations et aux municipalités. Cinq expériences sont lancées en 1980 : une expérience régionale avec *Fréquence Nord*, une expérience départementale avec *Radio Mayenne*, une expérience locale avec *Radio Melun* et deux expériences thématiques avec *Radio 7* pour les jeunes et *Radio Bleue* pour les personnes âgées.

La presse régionale suit évidemment tous ces projets avec beaucoup d'attention même si les radios locales des projets du gouvernement préservent ses intérêts, en particulier par le refus du recours à la publicité. Elle demande néanmoins à être associée à leur mise en œuvre. Mais, malgré les saisies et les brouillages, la vague des radios libres, telle une immense lame de fond qu'aucune digue ne peut arrêter, déferle sur toutes les régions françaises. A l'approche des élections présidentielles de 1981, chacun devine aussi que les données du problème peuvent bientôt être modifiées, surtout si le candidat de la gauche, François Mitterrand, en sort vainqueur. N'a-t-il pas eu des démêlés avec la justice, précisément à cause d'une radio libre, *Radio Riposte*, lancée par le parti socialiste le 28 juin 1979, et n'a-t-il pas pris position pour une certaine libéralisation des ondes ?

Portés aux plus hautes responsabilités à la suite des élections présidentielles et législatives de mai et juin 1981, le parti socialiste et le nouveau gouvernement restent pourtant en deçà de leurs déclarations antérieures. Ceux qui attendaient des mesures immédiates devront patienter un peu. Le brouillage continue, même s'il n'y a plus d'intervention policière, de saisie de matériel ou de poursuite judiciaire. Le 6 juillet 1981, au cours d'une conférence de presse, le nouveau ministre de la Communication, Georges Fillioud, lève un peu le voile sur les projets du gouvernement : « Les radios seront libres dans le sens où il s'agira, comme aujourd'hui, de petites radios, animées par des militants désireux de pratiquer une nouvelle forme de communication authentique, locale, rapprochée. Quant aux projets commerciaux, ils ne seront pas acceptés, ni aujourd'hui ni demain. »

Adopté en Conseil des ministres le 9 septembre 1981, le projet de loi visant à aménager le monopole de la radiodiffusion française dans le but d'établir le statut des radios libres est voté quinze jours plus tard, dans la nuit du 24 au 25 septembre, provoquant la consternation et la déception chez les promoteurs de ce mode de communication. Cette déception vient en particulier du mode de financement de ces radios. Le texte adopté par les sénateurs le 17 septembre admettait le principe d'un financement par la publicité, mais celui-ci est refusé par les députés pour préserver les intérêts de la presse écrite et éviter que les radios libres ne tombent sous la coupe des puissances commerciales et des annonceurs ou, selon Pierre Mauroy, que « les espaces de liberté ne deviennent des espaces commerciaux ». Lorsque la loi paraît au *Journal officiel*, le 9 novembre 1981, et les décrets d'application, le 21 janvier 1982, les radios locales entrent certes dans la légalité, mais chacun est convaincu que ce premier pas ne règle nullement leur situation sur les ondes.

En effet, leur mode de financement à travers une caisse de péréquation alimentée par un prélèvement sur les recettes publicitaires dans les radios et les télévisions n'empêche pas certaines radios de venir arrondir leur budget de fonctionnement au rayon de la publicité clandestine, en vantant dans leurs programmes tel magasin ou en mettant en exergue les manifestations de telle ou telle municipalité. Par ailleurs, elles connaissent très rapidement une expansion que le nombre de fréquences disponibles peut difficilement supporter. Parmi leurs promoteurs, on découvre bientôt des groupes qui n'ont rien à voir avec les associations à but non lucratif à qui la loi réserve les dérogations au monopole. Il suffit de franchir la porte de ces associations pour voir qu'elles sont finalement des associations écrans créées par des municipalités ou par des journaux.

Pour la presse, la radio locale peut être un moyen de toucher différemment des lecteurs potentiels. Ne pouvant légalement émettre au-delà d'un territoire de 30 kilomètres, elle est plus à même de descendre jusque dans les dernières ramifications de la vie locale ou de s'adresser à des groupes plus spécifiques comme les jeunes, les amateurs de rock, de chansons anciennes ou de musique classique. Elle devient le nouveau tambour de la ville. Par ailleurs, il est facile d'imaginer une synergie entre les deux moyens de communication. Dès la fin de l'année 1981, certains journaux commencent à sortir de leurs cartons des projets de radio locale : *Le Matin de Paris, Sud-Ouest, L'Express, La Dépêche du Midi, Le Parisien libéré...* Lorsque la commission consultative créée par la loi du 9 novembre 1981 et présidée par André Holleaux vote, le 7 avril 1982, une résolution dans laquelle elle déclare qu'elle examinera les projets présentés par les associations soutenues par des journaux, la mobilisation est générale dans la presse et de nombreuses dérogations sont accordées au fur et à mesure des travaux de la commission.

La multiplication des radios libres pose cependant rapidement la question de leur survie. Leur financement par la publicité est de nouveau rejeté le 31 mars 1982 par le gouvernement lorsqu'il adopte le projet de loi sur l'audiovisuel, et donne lieu à de nombreux abus dénoncés le 8 mars 1983 par Roger Bouzinac : « Cette loi sur les radios libres a été faite par des naïfs à l'usage de malins. » En effet, la publicité clandestine se multiplie et un marché des radios libres voit le jour donnant lieu à des tractations entre les détenteurs d'autorisation qui n'ont pas de moyens financiers et des groupes aux assises financières solides qui n'ont pas reçu d'autorisation.

Cette anarchie à la française trouve une ébauche de régularisation le 4 avril 1984 lorsque François Mitterrand déclare au cours d'une conférence de presse : « Je pense personnellement que toutes les radios libres qui se doteraient d'un statut d'entreprise, type PME par exemple, et seraient donc responsables de leurs biens, de leurs ressources, et devraient en rendre compte, devraient pouvoir bénéficier d'une publicité. » Adopté en Conseil des ministres le 23 mai suivant, un nouveau projet de loi modifiant certaines dispositions relatives aux radios locales contenues dans la loi du 29 juillet 1982 sur la communication audiovisuelle est définitivement voté dans la nuit du 29 au 30 juin et publié au *Journal officiel* du 2 août suivant.

On aurait pu imaginer que cette adaptation du droit au fait allait dynamiser la diversification de la presse écrite dans les radios locales. Mais la première enquête réalisée sur elles par l'Institut Ipsos et publiée par *Le Point* le 2 juillet 1984 révèle que les radios à dominante musicale l'emportent généralement auprès des auditeurs sur les radios thématiques ou généralistes. Si, en province, la presse préfère maintenir les fréquences qu'elle a obtenues pour décourager toute concurrence possible, on assiste à Paris à quelques désenchantements et à des replis stratégiques. En novembre 1984, *L'Humanité* et *L'Unité* abandonnent la Fréquence Presse qui regroupait depuis juin 1982, outre ces deux titres, *Le Parisien libéré, Le Matin* et Bayard-Presse. En juin 1985, *Radio-Libération*, lancée un an plus tôt, est abandonnée car, selon Serge July, « la radio passe *après* le quotidien ».

Dans cette semi-déroute de la presse pour venir se placer sur l'orbite radiophonique, seul Robert Hersant réussit à s'imposer et à poser la trame d'un réseau dont les premiers maillons tissent la toile de son empire multimédias. Le papivore de la presse écrite peut s'appuyer sur les nombreux journaux qu'il contrôle et dont certains ont obtenu une fréquence. *Presse-Océan* possède *Loire FM* à Nantes et, à Lorient, *La Liberté du Morbihan* est majoritaire dans *Radio*

Bleu Marine. A Grenoble, à Valence, à Lille et au Havre, ses journaux sont également en lien avec les radios locales. A Paris, il prend le contrôle de *Radio Digitale* en octobre 1984. Bien que la loi le lui interdise, il ne lui reste plus qu'à regrouper toutes ces radios au sein d'un réseau pour leur donner toute leur puissance. L'objectif est atteint en novembre 1984 lorsque, par le biais de Publiprint, la régie publicitaire du groupe, il se porte acquéreur de l'Agence française de communication qui fournit les informations nationales et internationales à une trentaine de radios locales. En septembre 1987, il s'est également porté acquéreur du réseau *Fun* qui s'était séparé de *NRJ* le 20 octobre 1985 et qui exploite 54 stations sur l'ensemble du territoire.

A la phase d'amateurisme (1981-1983) où la plupart des journaux se sont enlisés, a succédé pour les radios locales une phase de restructuration et de professionnalisme. Lorsqu'il sent que les affaires peuvent être rentables, le patron du *Figaro* est passé maître dans l'art de la décision rapide et, une fois la machine en route, les résultats ne se font pas attendre. Avec l'arrivée des télévisions privées, l'occasion va lui être donnée d'étendre son empire.

3. Les télévisions privées

Comme les radios locales, les télévisions privées sont nées dans la clandestinité et dans l'illégalité. La première expérience a eu lieu à Lyon le 8 mai 1981 lorsque *TV 22* diffuse ses premières images : la retransmission des images d'un « Club de la presse » sur le monopole des ondes auquel participaient trois personnalités lyonnaises. Le 28 novembre suivant, WADC (Association pour le développement de la communication) émet à son tour à Paris sur le canal 35 jusqu'à ce que la police saisisse son matériel le 12 janvier 1982. D'autres, comme *Canal Vert* et *Antène 1*, tenteront de forcer la voie des ondes hertziennes en 1983. Mais, chaque fois, le pouvoir les oblige à s'arrêter par la force en se retranchant derrière la loi du 29 juillet 1982 sur la communication audiovisuelle.

Cette loi qui proclame la liberté de communication (art. 1) met fin au monopole de l'État sur l'audiovisuel et ouvre ce dernier à l'initiative privée. Elle ne consacre toutefois pas le désengagement total de l'État qui reste le détenteur des moyens de diffusion par voie hertzienne et qui peut poursuivre en justice ceux qui contreviennent à la loi (art. 8 et 79).

Au-delà de l'aspect réglementaire, il faut aussi noter que les télévisions privées contrarient les projets du pouvoir en matière audiovisuelle, en particulier les projets de communication par câble. Ceux-ci avaient le mérite de conjuguer à la fois des utilisations multiples (téléphonique, service télématique interactif, télévision) et d'ouvrir à des entreprises nationales, par la mise au point et le développement de la fibre optique, des perspectives industrielles qui devaient mettre la France à l'avant-garde des pays développés pour ce mode de communication. Un Conseil des ministres adopte, le 3 novembre 1982, un plan-câble très ambitieux puisqu'il prévoit, sur trois ans, un équipement de 1 400 000 prises de raccordement. Une mission interministérielle, présidée par le député socialiste Bernard Schreiner, est constituée pour réaliser ce plan en lien avec la Direction générale des Télécommunications et les collectivités locales intéressées par le projet. Malgré d'importants retards dans la réalisation du projet initial, le gouvernement confirme ses orientations premières le 3 mai 1984 au cours d'un nouveau Conseil des ministres. Mais la mise en œuvre coûte cher et, pendant ce temps, les promoteurs des télévisions privées commencent à s'impatienter, relayés par les téléspectateurs. L'idée de privatisation gagne même le service public, et dans une interview au *Monde* (22 février 1984), Pierre Desgraupes, PDG d'*Antenne 2*, n'hésite pas à déclarer que la privatisation de sa chaîne « pourrait intervenir sans dommage et sans bouleversement du jour au lendemain, et cela aurait l'immense avantage de permettre une grosse rentrée d'argent et de nous libérer de contraintes multiples qui, mises bout à bout, pèsent à la fois sur le coût et sur la gestion de la chaîne ». Un sondage Ifrès-*Le Quotidien de Paris*, réalisé entre le 29 février et le 8 mars 1984 auprès d'un échantillon national représentatif, indique que 72 % des personnes interrogées estiment que la télévision ne doit pas demeurer un monopole d'État.

En décembre 1984, le réseau autonome des télévisions (RATV) regroupe déjà une soixantaine de projets de télévisions locales à Paris et dans les régions. Malgré l'opposition de Georges Fillioud et d'André Rousselet qui a lancé *Canal Plus*, d'autres télévisions voient le jour : *Time (Télévision ici et maintenant), Canal 24, Canal 5* à Paris, *Canal Esterel* à Fréjus, *Télé BMB* à Clermont-Ferrand... L'ordonnance de non-lieu rendue le 29 août 1984 en faveur de *Canal 5* ouvre des perspectives intéressantes aux promoteurs de télévisions privées en même temps qu'elle incite le gouvernement à ne pas prendre de positions irréversibles sur le sujet de peur de voir la France sombrer dans un chaos « à l'italienne ». D'ailleurs, des voix s'élèvent, même au sein du parti socialiste, se prononçant dans le sens d'une ouverture télévisuelle. Mais, dans ce débat, le nombre des nouvelles télévisions se heurte à un aspect technique : le nombre des fréquences disponibles. En effet, la notion de service public, c'est-à-dire l'égalité de tous devant la télévision, a nécessité un maillage hertzien très serré du territoire et presque épuisé les fréquences sur lesquelles les nouvelles télévisions pourraient émettre.

Malgré cet imbroglio, les nouvelles télévisions trouvent un allié de choix auprès de François Mitterrand qui débloque la situation en dépit des choix précédents de son ministre de la Communication. Le 4 janvier 1985, à l'occasion de la présentation des vœux à la presse, il leur entrouvre la porte en déclarant : « Je suis pour la liberté de l'information. La question ne se pose pas d'être pour ou contre. Les moyens de diffuser les images et les sons vont se multipliant. Le problème est de savoir comment organiser cette liberté. »

Cette décision politique, que le président de la République confirme de nouveau le 16 janvier au cours d'une interview sur *Antenne 2*, déplace le débat du terrain judiciaire où il s'était cantonné jusqu'ici, pour le mettre sur le terrain de la réalité où le gouvernement sait qu'il a peu de temps pour « organiser cette liberté » en raison de l'échéance des élections législatives de mars 1986. D'ailleurs, Robert Hersant, qui s'est affirmé en avance d'une loi à une autre occasion, ne s'y trompe pas en se précipitant comme d'autres dans la brèche ouverte par François Mitterrand. Dans un communiqué publié à la une du *Figaro* le 14 janvier 1985, il annonce la création immédiate de TVE, une « chaîne de télévision à l'échelle européenne » et il ajoute : « En 1986, nous serons sur les rangs lors de la privatisation du service public. »

Devant le nouveau paysage audiovisuel qui se dessine, la presse écrite s'interroge malgré l'intérêt que peut présenter pour elle une diversification pour exercer sa vocation multimédias dans le domaine de la communication. Sollicitée pour participer aux chaînes de télévision privées, elle fait part de ses inquiétudes à M. Bredin qui, le 14 janvier 1985, a reçu du Premier ministre, Laurent Fabius, une mission de réflexion à mener dans les trois mois « sur l'opportunité et la possibilité en France d'élargir rapidement les divers moyens de diffusion des programmes de télévision ». Elle a en effet l'impression d'être placée dans une alternative où elle sera toujours perdante : ou bien elle n'est pas partie prenante et elle risque d'être ruinée par des entrepreneurs possédant davantage de capacités d'investissement ; ou elle se lance dans cette nouvelle aventure en risquant de se ruiner elle-même en raison des énormes mises de fonds qu'elle sera obligée de faire pour y participer. Pour se laisser tenter, elle souhaite que les télévisions aient les moyens de vivre sans gêner son propre développement et que, pour cela, de nouvelles règles soient édictées.

Le projet de loi, tel qu'il est adopté en Conseil des ministres le 31 juillet 1985, lui apporte toute satisfaction sur le sujet même si, derrière le texte, les calculs politiques sont loin d'être absents. A l'approche des élections législatives, le gouvernement socialiste, tout en prenant acte du retard de son plan de développement des nouveaux médias, en particulier le câble et le satellite, se présente devant les électeurs comme celui qui a su développer les moyens de communication tout en sauvegardant les acquis de l'histoire. En effet, le service public demeure intact en même temps que vont être lancées deux chaînes privées nationales pour répondre aux besoins d'images nouvelles et diversifiées qui se manifestent dans le public. Par ailleurs, sa stratégie repose sur une certaine prudence. Pour éviter toute concurrence des chaînes privées entre elles et avec les chaînes du service public, l'une aura une orientation musicale et l'autre, destinée à tous les publics, une vocation plus générale. En même temps, le projet de loi prévoit la création de 40 à 50 télévisions locales selon la disponibilité des fréquences possibles.

C'est surtout le mode de financement projeté pour ces chaînes qui apporte à la presse tous les apaisements souhaités. Au cours d'une conférence de presse tenue le 31 juillet, Georges Fillioud en définit les grandes lignes. Il se traduit d'abord par un abaissement du taux de la TVA sur la redevance qui passera de 18,6 % à 7 % : ce qui permet de dégager une somme de 700 millions de francs, attribuée à la création. Ensuite, le prélèvement du service public sur le marché de la publicité sera ramené à 25 %. Enfin, certains secteurs comme la distribution, l'édition ou l'immobilier restent interdits de publicité à toute forme de télévision.

Malgré ces garanties, la presse dispose néanmoins de peu d'atouts pour participer au lancement des nouvelles télévisions. Déjà le 20 mai, au moment où il était rendu public, le rapport Bredin avait mis en évidence que pour se lancer dans l'aventure télévisuelle, il fallait accepter d'investir à perte beaucoup de millions des années durant. Des groupes aussi puissants que Hachette ou les Éditions Mondiales hésitent devant l'ampleur des sommes à engager.

Lorsque la cinquième chaîne est attribuée au tandem Seydoux-Berlusconi le 19 novembre 1985, et la sixième chaîne à Publicis, Gaumont, NRJ et la Société générale de gestion, de distribution et de marketing de Gilbert Gross le 28 janvier 1986, seules quelques entreprises de presse (Groupe Marie-Claire, Excelsior Publications, *VSD, Investir, La Côte Desfossés*...) se regroupent dans une société présidée par Évelyne Prouvost pour prendre une participation de 4 % dans le capital de la cinquième chaîne. Il est vrai que, pour ces attributions, les acteurs potentiels étaient convaincus que ce premier acte sur la scène des télévisions privées devait être de courte durée et que les véritables discussions commenceraient après les élections législatives de mars 1986. Un document intitulé *Plate-forme pour gouverner ensemble* et rendu public le 16 janvier 1986 par Jacques Chirac et Jean Lecanuet laisse deviner la politique de l'opposition en matière de communication si elle arrive au pouvoir en mars. Concernant l'audiovisuel, ce texte comprend en particulier la promesse d'un désengagement de l'État qui laissera place à un « secteur public rénové » dont l'une des missions sera de « gérer une société nationale de programmes de télévision afin d'assurer une fonction éducative ».

Certes, les promesses électorales sont rarement toutes tenues lorsque les partis politiques doivent affronter la dure réalité du pouvoir, et la droite, majoritaire au Parlement après les élections, devra rester en deçà de ce qui avait été prévu dans la *Plate-forme pour gouverner ensemble*. Une nouvelle loi sur l'audiovisuel est néanmoins votée le 12 août 1986 et elle est promulguée le 30 septembre suivant, amputée de ses dispositions inconstitutionnelles qui seront élaborées de nouveau dans un autre projet de loi adopté le 8 novembre et promulgué le 27 novembre. Elle prévoit, à propos de la télévision, la privatisation de *TF1* qui avait été annoncée par François Léotard le 14 mai 1986 au cours d'une séance de questions au gouvernement. Deux décrets publiés au *Journal officiel* le 2 août 1986 retirent les concessions accordées par la gauche à la cinquième et à la sixième chaîne. *Canal Plus*, fort de son 1,5 million d'abonnés, garde son statut de chaîne à péage et conserve donc parmi ses actionnaires les journaux qui étaient entrés dans son capital au moment de son lancement : *Ouest-France, Nice-Matin, Le Bien public, Midi libre* et *La République du Centre*. C'est donc sur trois chaînes que la presse peut chercher à investir pour élargir ses activités et accéder à un secteur de communication que le monopole lui avait interdit jusqu'ici.

« Il serait dangereux, confiait Bernard Porte, président du directoire de Bayard-Presse, à *Communication et Business*, que les entreprises de presse moyennes ne soient pas présentes au moment de la privatisation d'une ou deux chaînes TV en France car, à défaut, elles prendraient le risque d'être laminées par une situation de monopole. Une participation au capital permet de jouer plus facilement le renvoi permanent d'un média à un autre, par le sponsoring ou une participation de nos journalistes à l'écran. Ceux qui ne peuvent participer à ce jeu-là risquent d'être tout à fait marginalisés. »

Cependant, les investissements à faire sont tels qu'aucune entreprise de presse ne peut raisonnablement s'aligner seule sur la ligne de départ. Des contacts se nouent pour embarquer sur le même navire et partir à la conquête des nouvelles télévisions. Le 22 novembre 1985, au cours d'une conférence de presse, Jérôme Seydoux, PDG de la cinquième chaîne, lance un appel à la presse pour l'associer à sa chaîne. C'est aussi le vœu de la Fédération nationale de la presse française qui recommande la création d'une structure juridique et commerciale permettant d'associer à la gestion des chaînes de télévision l'ensemble de la presse.

Une première concrétisation de ces souhaits a lieu le 11 mars 1986 avec la constitution de la société Pluricommunication qui regroupe *Ouest-France, Sud-Ouest, La Montagne, La Nouvelle République de Centre-Ouest* et *Le Monde* et dont « l'objectif est d'étudier les voies de la diversification en vue d'investir dans le secteur de la communication et notamment de l'audiovisuel ». Six mois plus tard, le 3 septembre, un autre regroupement, beaucoup plus large, s'opère au sein de la Société d'études de la télévision par la presse (SET-Presse) qui se propose de prendre une participation d'environ 10 % dans l'une des chaînes privatisées. Au moment de la clôture des candidatures pour la reprise de *TF1* et de la cinquième chaîne, le 23 février 1987, cette société regroupera plus de trente journaux ou groupes de presse parmi lesquels Bayard-Presse, *La Voix du Nord, Le Républicain lorrain, La Dépêche du Midi, Le Télégramme de Brest, Le Provençal, Les Dernières Nouvelles d'Alsace*, le groupe Méaulle, etc.

Dès la parution des décrets résiliant les concessions accordées par la gauche à la cinquième et à la sixième chaîne (*JO*, 2 août 1986), les repreneurs éventuels se mettent sur les rangs, bien avant l'appel d'offres lancé le 28 janvier 1987 par la Commission nationale de la communication et des libertés (CNCL) qui fixe aux candidats le 10 février suivant comme date butoir pour faire acte de candidature. Leurs démarches sont sans doute motivées par des impératifs commerciaux ou, plus simplement, par la liberté d'entreprendre qui caractérise toute société libérale. Mais en raison des enjeux qui résulteront de l'attribution des chaînes, il est difficile d'imaginer que le pouvoir politique n'ait pas usé de son influence pour conseiller certains rapprochements au moment des tours de table et des montages financiers.

Bien avant la mise en route du calendrier des attributions, Robert Hersant ne cache pas ses préférences pour la première chaîne nationale. De son côté, la Compagnie luxembourgeoise de télédiffusion (CLT), qui n'a pas digéré d'avoir été écartée par le pouvoir socialiste lors de la première concession et qui trouve une oreille plus attentive auprès du gouvernement Chirac, a le regard fixé sur la cinquième chaîne. De plus, associée à Havas, au groupe Paribas et à la société Pluricommunication, elle estime qu'elle a toutes les chances de l'emporter face à Jimmy Goldsmith qui est également candidat à la reprise de la *Cinq* et qui a entamé des négociations avec le groupe Hersant, la SET-Presse et M. Berlusconi. Mais, au fil des semaines, ce « Yalta des télévisions » commence à connaître ses premières lézardes.

Attribuer *TF1* à Robert Hersant, qui possède déjà 30 % des quotidiens français, aurait provoqué un tollé général et aurait sans doute été perçu comme un asservissement du pouvoir à l'égard du patron du *Figaro*. Aussi, lorsqu'il commence à s'intéresser à la *Cinq* qui, pense-t-il, peut devenir à terme plus rapidement rentable que la première chaîne, il ne peut que recevoir les encouragements de Matignon. Mais ce déplacement d'intérêt de Robert Hersant provoque l'éclatement du montage effectué autour de la CLT, avec le départ de Havas.

Après s'être détourné de la *Cinq*, Havas se tourne vers *TF1* et, pour le pouvoir, cette candidature est une garantie pour « marquer » le groupe Hachette et son président Jean-Luc Lagardère, même si Havas, pour ne pas enfreindre la loi sur les concentrations, doit se contenter de 15 % du capital de la chaîne. Un accord entre les deux groupes est conclu fin janvier 1987, provoquant de vives tensions dans le groupement Pluricommunication qui se trouve écarté de la *Cinq*, et à la SET-Presse qui, après avoir signé un accord avec Hachette le 31 décembre 1986, proclame que « la presse moyenne et indépendante ne veut pas participer à une télévision comme alibi du pluralisme ». Lorsque, le 5 février 1987, Édouard Balladur annonce que le prix des 50 % du capital de *TF1* est fixé à 3 milliards de francs, le tour de table des acquéreurs possibles est de nouveau remis en question. En effet, le 8 février, estimant que le prix annoncé est trop élevé, l'agence Havas retire sa candidature, obligeant Hachette à retrouver d'urgence d'autres partenaires.

Les attributions de la cinquième et de la sixième chaîne ont lieu le 23 février 1987 et celle de *TF1*, le 4 avril. Les heureux gagnants ont pour chef de file le groupe Hersant pour la *Cinq*, Jean Drucker et la CLT pour la *Six* et le groupe Bouygues pour la première chaîne. A part le groupe Hersant, force est de constater que, dans cette lutte pour accéder aux télévisions privées et établir une synergie entre médias écrits et télévisuels, la presse est la grande perdante. En plus de Robert Hersant, des journaux ou des groupes de presse sont présents sur les télévisions. La SET-Presse, malgré son alliance initiale avec Hachette, a accepté le partenariat qui lui a été proposé par le groupe Bouygues. Mais l'influence de ces journaux sur les chaînes sera sans doute proportionnelle à leurs investissements, c'est-à-dire presque nulle. On notera néanmoins l'accord conclu en juillet 1988 entre *TF1* et une quarantaine de quotidiens régionaux qui permet à la régie de la Une d'assurer aux annonceurs une présence simultanée à l'antenne et dans les pages des titres signataires de l'accord. A part *TF1*, ces chaînes privées ont connu des comptes d'exploitation déficitaires depuis leur attribution et la situation était devenue tellement catastrophique à la 5, menacée de dépôt de bilan, que le CSA a autorisé le 28 mai 1990 une nouvelle répartition du capital. L'événement a été marqué par l'entrée du groupe Hachette qui détient désormais 22 % des actions contre 25 % chacun pour le groupe Hersant et le groupe Berlusconi, par l'augmentation de la participation de la banque Vernes (22 % contre 10,89) et le retrait de certains petits actionnaires comme *les Echos* et le groupe canadien Vidéotron.

VI / L'économie de la presse

Dans le panorama des activités économiques, la démarche de la presse est identique à celle pratiquée dans les autres secteurs. Toutefois, la nature du produit qu'elle met sur le marché de la consommation lui donne une place originale dans l'économie nationale. Quelle que soit sa périodicité, la presse est, en effet, un produit périssable, sans doute le plus périssable de tous les produits de consommation courante. A peine sorti des rotatives, le journal se trouve engagé dans une course contre la montre car sa valeur diminue au fur et à mesure que grandit le temps qui le sépare du moment où il est mis à la disposition de ses lecteurs. Pour un quotidien, la valeur marchande ne dure que quelques heures et, comme le faisait déjà remarquer Émile de Girardin, « le problème commercial de la presse, c'est que la feuille imprimée vaut, à 8 heures du matin, un sou pièce et, à 8 heures du soir, un sou le mille au poids du papier ». En outre, le journal coûte bien plus cher que le prix indiqué à la une et, pour compenser le manque à gagner laissé par l'acheteur, les entreprises de presse sont obligées de trouver d'autres modes de financement comme la publicité. Enfin, en France, les différents gouvernements ont été sensibles au rôle joué par les journaux dans la vie nationale et les aides à la presse revêtent des formes variées.

1. La presse dans l'économie nationale

Selon une enquête réalisée par le ministère de l'Industrie, la presse écrite comptait, en 1988, 380 entreprises de plus de 20 salariés. Elle employait alors 51 343 personnes et elle a réalisé durant cette année un chiffre d'affaires de 47,87 milliards de francs. Dans ce chiffre, les sept premiers groupes de presse réalisent plus de la moitié du chiffre d'affaires total de la presse. Parmi les 14 groupes qui franchissent la barre du milliard de chiffre d'affaires, on notera aussi l'écart qui se creuse entre le groupe Hachette et le groupe Hersant d'un côté et les autres qui restent dans la fourchette 1-2 milliards (cf. encadré p. 86-87). La comparaison avec certains groupes étrangers est également éclairante. Le premier groupe mondial de communication, le groupe allemand Bertelsmann, a réalisé en 1988-1989 un chiffre d'affaires consolidé de 42,2 milliards de francs. De son côté, le groupe Maxwell Communication Corporation a enregistré sur quinze mois (1988-mars 1989) un bénéfice avant impôt de 192 millions de livres.

Ces quelques chiffres montrent le sous-développement de la presse en France. Il convient toutefois de nuancer les analyses lorsqu'on examine les différentes catégories de la presse française. Celle de la presse de la radio et de la télévision, par exemple, est en pleine expansion. En 1988, neuf titres de ce secteur ont diffusé en moyenne chaque semaine 10 121 363 exemplaires et quatre d'entre eux dépassent le million d'exemplaires : *Télé 7 jours* (3 095 704), *Télé Poche* (1 779 666), *Télé Star* (1 762 272) et *Télé Loisirs* (1 138 520). En revanche, durant la même période, les dix premiers quotidiens n'ont eu qu'une diffusion journalière de 3 967 285 exemplaires.

En 1985, selon *Media Scene in Europe*, la France arrivait en tête pour la pénétration des magazines, avec 1 354 exemplaires pour 1 000 habitants, à égalité avec la Finlande, et devançait la Suède, la Belgique, les États-Unis et le Canada... La pénétration des quotidiens est au contraire très faible : 52 quotidiens nationaux et 132 régionaux et locaux, soit 184 exemplaires pour 1 000 habitants, loin derrière la Grande-

Bretagne (727), le Japon (719), les États-Unis (542) ou l'Allemagne fédérale (411), mais devant l'Italie (92) et l'Espagne (87).

Un des plus lourds handicaps de la presse quotidienne française, c'est son prix de vente élevé. De 1944 à 1967, il était fixé par le gouvernement. Entre 1967 et 1975, il a augmenté à sept reprises, passant de 0,30 F à 1,20 F, soit un quadruplement en huit ans. D'une manière générale, son évolution, qui s'est accélérée depuis 1978, s'est faite plus rapidement que celle du coût moyen de la vie. Jusqu'à 1977, les quotidiens de province étaient vendus au même prix que les quotidiens parisiens mais, depuis cette date, ils sont légèrement moins chers. Alors qu'en 1979, le prix de vente du journal à Paris variait de 1,40 F à 3 F et en province de 1,30 F à 1,50 F, en février 1990, il se situait à Paris entre 4,50 F et 5 F et en province entre 3,20 F et 3,80 F. Dans le même temps, le timbre pour affranchir une lettre n'est passé que de 1,20 F à 2,20 F.

TABLEAU IV. — ÉVOLUTION DU PRIX MOYEN
DU QUOTIDIEN PARISIEN DEPUIS 150 ANS
(en francs 1986)

1834	12,5	1921	0,7	1947	1,0	1973 [1]	2,5	1981	3,9
1851	3,8	1936	0,8	1957	1,5	1975	3,0	1983	4,3
1871	1,5	1944	1,4	1967	1,9	1977	3,0	1985	4,3
1914	0,6	1946	1,2	1968	2,3	1979	3,5	1986	4,5

Source : Calculs à partir de données INSEE.

1. Quotidien du matin à partir de 1973.

2. Le coût du journal

Il n'est pas significatif d'établir un prix de revient moyen de l'ensemble de la presse, même à l'intérieur de la même catégorie de journaux, en raison de la disparité qui existe entre les titres. En effet, il n'y a aucune mesure entre le petit quotidien local de Mazamet, *La Montagne noire*, qui est

TABLEAU V. — ÉVOLUTION DU PRIX DE LA PRESSE
(1970-1987)

Indices, base 100 en 1970	1973	1976	1979	1982	1985	1987
Prix à la consommation des ménages (a)	120,2	167,5	221,3	318,7	397,1	420,4
Prix des quotidiens (b)	138,4	235	342,9	589,4	759,4	835,9
Prix des périodiques (c)	143,6	217	275,9	405,7	511	579,8
Prix relatifs des quotidiens (b : a)	115	140	155	185	191	199
Prix relatifs des périodiques (c : a)	119	130	125	127	129	138

Source : Calculs à partir de données INSEE.

réalisé par le directeur et un employé à mi-temps et qui diffuse moins de 2 000 exemplaires, et le premier quotidien français, *Ouest-France*, qui diffuse à plus de 700 000 exemplaires, compose chaque nuit plus de 300 pages différentes pour ses 38 éditions couvrant 12 départements, qui emploie 352 journalistes, 1 800 correspondants et comporte 62 rédactions locales. Cependant, quelles que soient son importance et sa périodicité, tout journal passe obligatoirement par trois phases : la rédaction, la fabrication et la diffusion, pour lesquelles Nadine Toussaint-Desmoulins [38, p. 46] donne la ventilation et la fourchette suivantes : rédaction 15 à 20 % ; administration 5 à 15 % ; papier 10 à 20 % ; imprimerie 25 à 35 % ; distribution 10 à 25 % ; frais généraux et divers 4 à 6 % ; promotion 0,5 à 1 %.

La rédaction assure la production intellectuelle du journal. Elle peut être composée, si le titre est important, de services spécialisés (politique intérieure, politique étrangère, économie, culture, sports, religion, informations générales), posséder des correspondants permanents dans les grandes capitales ou auprès des grands organismes internationaux et bénéficier du concours de chroniqueurs intervenant régulièrement dans les colonnes du journal ou à la demande lorsque le rédacteur en chef souhaite bénéficier du concours d'un spécialiste pour éclairer la portée de tel ou tel événement. La presse de province peut posséder, à côté de la rédaction travaillant au siège du journal, une multitude de correspondants locaux qui font remonter l'information depuis les plus petites localités composant la zone de diffusion d'un titre donné. A côté des journalistes qui leur sont directement rattachés, la plupart des journaux reçoivent également des informations de journalistes d'agences à dimension nationale ou internationale ou encore spécialisées dans tel ou tel secteur qui leur permettent de mieux couvrir les événements du monde. Enfin, certains titres possèdent, à côté de leur rédaction, des centres de documentation qui dépouillent, analysent et classent les informations provenant d'organes d'information très variés et qui offrent aux journalistes des dossiers leur permettant de préciser, d'expliquer ou d'enrichir l'information qu'ils ont à traiter.

Pour tenter d'abaisser les coûts rédactionnels, certains directeurs de journaux, surtout en province, ont envisagé de regrouper plusieurs titres en une rédaction unique et d'en faire une sorte d'agence où les différents journaux pourraient venir puiser les articles qu'ils voudraient voir figurer dans leurs colonnes. Une illustration en a été donnée en 1951 par la création de l'Agence centrale de presse (ACP) à partir du bureau parisien du *Provençal* et de *Nord-Matin* et en 1966 par la création de l'Agence AIGLES au lendemain des accords entre *Le Progrès* et *Le Dauphiné libéré*.

La fabrication, qui recouvre les dépenses techniques (papier, encre), la composition et l'impression ainsi que le matériel qui s'y rapporte, est en général l'un des postes les plus élevés dans les charges d'un journal, surtout s'il dispose d'une imprimerie intégrée. Une rotative capable de tirer 60 000 exemplaires à l'heure coûte environ 18 millions de francs. Au moment où il a dû construire une deuxième imprimerie pour augmenter sa pagination — elle est entrée en fonction le 1er octobre 1970 —, *Le Monde* a dû, selon Jacques Sauvageot, dégager 80 millions de francs de 1960 à 1970. C'est la raison pour laquelle certains journaux préfèrent opter pour de grands ensembles d'impression plutôt que posséder leur propre imprimerie qui ne fonctionne que quelques heures par jour. Le groupe Hersant a investi 800 millions de francs à Roissy pour une nouvelle imprimerie qui est entrée en service le 3 octobre 1989 et qui assure l'impression de *France-Soir*, du *Figaro* et de leurs suppléments. De même, *Le Monde* a conclu le 17 mars 1987 avec le groupe Hachette un accord pour la création à Ivry d'un centre d'impression estimé à environ 300 millions et destiné à satisfaire ses besoins et ceux du quotidien populaire que Hachette envisageait de publier. Dans le rapport qu'il a consacré en 1974 à *L'Équilibre économique des entreprises de presse*, Michel Drancourt révélait que l'impression représentait 26 % des charges des quotidiens parisiens paraissant le matin, 26,6 % pour ceux paraissant le soir, 30 % pour les quotidiens de province, en raison de la multiplicité des éditions locales, et de 30 à 40 % pour les magazines hebdomadaires.

Cependant, ce secteur est aujourd'hui en pleine évolution. Déjà le passage de la composition chaude (par les linotypes avec des caractères en plomb) à la composition froide (par des photocomposeuses électroniques) a réduit les coûts. Un nouveau pas, déjà réalisé dans certains quotidiens comme *La Croix, Libération, Le Provençal, Le Courrier de Saône-et-Loire* ou *Presse-Océan*, est en train de se faire avec les rédactions électroniques. Désormais, le journaliste saisit lui-même son article sur un écran cathodique. Il peut même, au moment où il rédige, interroger des banques de données, faire apparaître sur son écran le résultat de son interrogation et sélectionner les renseignements utiles pour l'enrichissement de son article. Dans un avenir très proche, d'autres étapes seront encore possibles grâce notamment au développement de la micro-informatique qui permettra non seulement la saisie directe mais la mise en page électronique. Au niveau de l'impression, le passage à l'offset depuis plus de dix ans a permis et généralisé l'emploi de la quadrichromie. Enfin, grâce au fac-similé, la presse parisienne peut désormais se faire imprimer aux quatre coins du pays et diminuer ainsi le temps qui sépare le bouclage du journal et le moment où il est mis à la disposition du lecteur.

Ces différents progrès ont provoqué une grave crise sociale parmi le personnel des imprimeries qui est puissamment organisé depuis le XVIIIᵉ siècle et qui a obtenu des avantages considérables à la Libération. Le conflit qui a affecté *Le Parisien libéré* de décembre 1974 au 16 août 1977 est une illustration de ce malaise qui continue de frapper cette catégorie sociale. Des négociations ont lieu pour que la modernisation des entreprises de presse puisse se faire sans trop de heurts comme en Grande-Bretagne où Rupert Murdoch et Robert Maxwell ont réussi à faire plier les deux puissants syndicats du livre par des licenciements massifs en janvier-février 1986. Robert Hersant et Robert Maxwell, qui ont tous deux un projet de lancement en France d'un quotidien populaire, ne cachent cependant pas qu'une grande partie de la décision finale sera conditionnée par l'attitude du syndicat du livre qui devra accepter que les coûts de fabrication soient réduits au minimum.

Troisième poste qui intervient dans le coût du journal : la distribution. Un journal n'existe vraiment que s'il trouve des acheteurs ! Il peut parvenir à son lecteur par abonnement, par portage à domicile ou par la vente au numéro.

L'abonnement présente un avantage certain. Le journal qui dispose d'un important portefeuille d'abonnés peut régler au plus juste son tirage et avoir très peu de « bouillon », c'est-à-dire très peu d'invendus. Par ailleurs, il obtient une avance de trésorerie qui est loin d'être négligeable dans la mesure où il obtient immédiatement de ses lecteurs le prix d'une marchandise dont la livraison sera étalée dans le temps. Pour le lecteur, c'est aussi l'avantage de recevoir régulièrement son journal à domicile. Beaucoup refusent cependant ce procédé. Même si l'abonnement coûte moins cher que l'achat au numéro, il faut néanmoins avancer une somme relativement importante au moment du paiement. Ainsi, en janvier 1990, l'abonnement d'un an au *Monde* revenait à 1 300 F, à 1 480 F pour *La Croix*, à 1 420 F pour *Libération*, 940 F pour *Ouest-France*, 1 020 F pour *Sud-Ouest*. La livraison du journal est tributaire du bon ou du mauvais fonctionnement des PTT et l'on sait que *La Croix* a failli disparaître du fait d'une grève de ce service public durant six semaines en octobre-novembre 1974. Enfin, pour beaucoup de lecteurs, il est plus intéressant d'acheter le journal pour le lire au moment du petit déjeuner ou au moment de prendre un transport en commun.

A la différence de pays comme les États-Unis, la République fédérale d'Allemagne, la Suède ou le Japon où il est assez développé, le portage à domicile n'est pratiqué en France que dans certaines grandes villes, surtout dans le Nord, en Alsace et en Lorraine. Il représente 36,4 % de la diffusion de *Ouest-France* et 31,5 % de celle de *Sud-Ouest*, 80 % de celle de *La Voix du Nord*, de *Nord-Matin* et de *Nord-Éclair*, 65 % de celle de *L'Est républicain*, 62 % de celle du *Républicain lorrain*, 84,6 % de celle des *Dernières Nouvelles d'Alsace* et 95 % de celle de *L'Alsace*. Des expériences sont tentées par *Le Figaro* à Paris et dans la région parisienne et sont suivies avec attention par les autres journaux. Par rapport à l'abonnement, il présente pour le lecteur l'avantage de recevoir son journal peu de temps après sa parution et, pour l'entreprise, de voir assurée la vente d'un certain nombre d'exemplaires sans que cela lui occasionne beaucoup de frais d'administration puisque le porteur se charge lui-même de récupérer l'argent auprès de ses clients. Cependant, les journaux ont du mal à trouver une main-d'œuvre qui accepte de se lever très tôt et ce mode de diffusion reste encore très limité.

La vente au numéro, où le lecteur paie le prix fort comme dans le cas précédent, nécessite la mise en place d'une infrastructure importante (avion, train, voiture) pour que le journal arrive le plus rapidement possible jusque dans les points de vente les plus reculés de la campagne ou des vallées. Cette mise en place peut être faite par les journaux eux-mêmes, comme c'est le cas dans la plupart des journaux de province, ou par un organisme commun à plusieurs journaux comme les Nouvelles Messageries de la Presse parisienne ou les Messageries Lyonnaises de Presse. Malgré les essais de réglage très précis par ordinateur, la vente au numéro nécessite une importante mise en place, avec le risque d'avoir beaucoup d'invendus qui viennent grever la trésorerie des journaux.

D'autres paramètres interviennent encore dans le prix de

revient du journal : les frais promotionnels et administratifs, les commissions, les frais d'expédition, d'inspection, etc. Selon Jean-Jérôme Bertolus (*Science et vie économie*, novembre 1987), l'addition des coûts moyens réels du *Monde*, pour 1987, revenait à 7,10 F et se décomposait comme suit : rédaction, 1,10 F ; papier, 0,90 F ; fabrication 2 F ; frais généraux, 0,80 F ; distribution, 2,30 F. Soit un manque à gagner de 2,60 F pour un numéro vendu en kiosque et de 3,60 F pour un exemplaire vendu par abonnement. Pour équilibrer son budget, un journal doit trouver d'autres recettes que celles qui proviennent du lecteur. Pour certains titres, ce complément provient de la publicité.

3. La publicité

« La presse a une épouse : la liberté ; elle a une maîtresse, la publicité. » Ces propos attribués à Albert Bayet, le premier président de la Fédération nationale de la presse française, rendent imparfaitement compte de l'histoire de l'introduction de la publicité dans la presse. Comme l'écrit Balzac dans *Les Illusions perdues*, « l'annonce naquit sous les rigueurs du timbre, de la poste et du cautionnement ». Elle a permis à la presse de conserver sa liberté lorsqu'en 1827, pour faire pression sur elle, le gouvernement Villèle décida d'augmenter les droits du timbre. Quelques années plus tard, lorsqu'il fonde *La Presse* en 1836, Émile de Girardin lui donne une autre orientation, qu'elle possède toujours aujourd'hui, et en fait le moyen de la démocratisation du journal. « Tandis que l'abonnement doit payer le papier, l'impression et l'administration, la publicité paiera la rédaction et l'administration et fournira le bénéfice du journal. » Par rapport aux autres secteurs de l'économie, la prise en compte de la publicité dans la presse constitue un paradoxe commercial puisque le journal est vendu deux fois : aux annonceurs et à ses lecteurs. De ce paradoxe découlent deux conséquences. Il arrive un moment où un journal qui a beaucoup de publicité n'a plus intérêt à augmenter son tirage puisque, au-dessus d'un certain seuil, la publicité ne viendra plus combler le manque à gagner. Par ailleurs, un journal à faibles recettes publicitaires, surtout un quotidien, peut difficilement équilibrer ses comptes.

On distingue généralement deux types de publicité : la publicité commerciale représentée par des placards illustrés ou par des communiqués, et les petites annonces. En 1987, celles-ci ont représenté un chiffre d'affaires de 650 MF pour *Le Figaro* et *Le Figaro Économie*, de 250 MF pour *Le Monde* et de 60 MF pour *Le Parisien libéré*.

Si la presse a un besoin vital de la publicité, celle-ci a également besoin de la presse qui, pendant longtemps, a été son seul support. Mais les publicitaires sont loin d'être des mécènes, et leurs ordres d'insertion répondent au seul critère de rentabilité et d'efficacité et dépendent uniquement de la preuve d'une diffusion quantitative et qualitative des supports auxquels ils s'adressent. Dans son avis n° 87-A-12 relatif au secteur de la publicité, le Conseil de la concurrence a dénoncé les dangers que peut représenter la puissance des centrales d'achat d'espaces publicitaires : « Les supports sont en général les maillons faibles de la chaîne publicitaire alors que les acheteurs d'espace en sont plutôt les maillons forts... Lorsqu'il est chargé à la fois de la conception du plan média et de l'achat d'espace, l'intermédiaire est à la fois préconisateur et acheteur à l'égard du support, et cette addition des fonctions constitue, au moins en théorie, une arme redoutable. » (*Bulletin officiel de la concurrence, de la consommation et de la répression des fraudes*, 26 décembre 1987.) En janvier 1990, constatant que des problèmes semblent subsister, il a décidé, par la procédure de la saisine d'office, de faire de nouvelles investigations.

Pour connaître la diffusion des titres et la composition de leur lectorat, les publicitaires disposent des résultats fournis par deux organismes : l'Office de justification de la diffusion (OJD) et le Centre d'études des supports de publicité (CESP).

L'OJD a été créé en 1922 et son but est de mesurer la diffusion réelle des journaux qui souhaitent être contrôlés. Il fournit pour chaque titre le tirage moyen effectué sur une année, la diffusion payée et non payée. La fondation du CESP date de 1956. Les objectifs de cet organisme sont de dessiner, par enquête sur échantillon, le portrait type des publics des différents médias : presse, radio, télévision, cinéma et affichage.

Pour le publicitaire, il est plus intéressant de retenir un support qui s'adresse à un type précis de population de préférence à tel autre support lu indistinctement par toutes les catégories socioprofessionnelles. Aussi la maîtresse qu'est la publicité peut-elle se permettre quelques infidélités à son amant d'origine pour aller courtiser d'autres supports plus attrayants et plus rentables, au risque de provoquer des jalousies orageuses pouvant conduire à des ruptures momentanées. En septembre 1983, 59 publications représentant 23 groupes de presse et diffusant plus de 26 millions d'exemplaires ont publié trois pages blanches et une page d'explication à leurs lecteurs. Elles voulaient ainsi manifester leur mécontentement au gouvernement coupable de laisser dépasser à la télévision le seuil des 25 % de recettes provenant de la publicité et alerter leurs lecteurs sur le rôle qu'elle joue dans l'économie de la presse.

Autre sujet d'inquiétude pour la presse, en particulier la presse quotidienne de province ; l'introduction de la publicité sur *FR3* à partir de janvier 1984. Il suffirait en effet que l'un des piliers les plus solides de sa santé financière, la publicité locale, soit minée par la télévision pour que son équilibre se trouve fragilisé à l'extrême. Jusqu'à 1985, dix secteurs économiques et produits de consommation étaient interdits d'antenne : l'édition et la presse, la vente par correspondance, la distribution, les textiles, l'immobilier, les bijoux, la margarine, les spectacles, le tourisme et les compagnies aériennes. Mais, peu à peu, une déréglementation s'instaure, libérant secteur après secteur : le tourisme et les transports aériens en novembre 1985 ; l'immobilier, l'informatique d'entreprise, le travail temporaire, les bijoux, les textiles et la margarine à partir du 1er mars 1986. Cette déréglementation a toutefois connu un coup de frein avec l'adoption, le 17 novembre 1987, d'un amendement au projet de loi de finances de 1988 qui limite le télé-achat, lancé par Pierre Bellemare sur *TF1* le 5 octobre précédent, aux services de télévision à péage, c'est-à-dire *Canal Plus*, et aux services de radiodiffusion et de télévision distribués sur des réseaux câblés. Cependant, comme l'affirme Jean-François Lemoîne, directeur général de *Sud-Ouest*, « l'ouverture de la télévision à la grande distribution se fera, un jour ou l'autre. Il importe donc de rechercher des délais et des modalités convenables ». D'ailleurs, l'idée a déjà gagné le Parlement puisque sa commission des Affaires culturelles, familiales et sociales a examiné le 2 décembre 1987 une proposition de loi qui autorise, à titre expérimental et sous réserve d'une autorisation de la part de la Commission nationale de la communication et des libertés (CNCL), la diffusion d'émissions de télé-achat sur des chaînes hertziennes locales desservant une zone géographique dont la population est inférieure à 6 millions d'habitants. La loi a été votée au Parlement le 21 décembre 1987 et au Sénat le lendemain. Elle a été publiée au *Journal officiel* le 7 janvier 1988 et la CNCL qui, au terme de l'article 2, avait un mois pour réglementer ce nouveau type d'émission, a fait connaître sa décision le 4 février suivant.

L'analyse de la répartition des marchés publicitaires par grands médias fait apparaître que la part de la presse n'a cessé de diminuer depuis 1968, date de l'introduction de la publicité de marques à la télévision. Cette diminution est en train de s'accentuer avec l'arrivée des nouveaux médias, même si pour certains publicitaires le gisement est loin d'être totalement exploité. Depuis qu'elles sont autorisées à accepter la publicité, les radios locales privées n'ont cessé de voir leur volume augmenter : 410 millions en 1985, 510 en 1986, 600 millions en 1987 et 725 millions en 1988. *Canal Plus* qui, au départ, était uniquement financé par l'abonnement, y fait désormais appel. Enfin les télévisions privées, pour exister, n'ont pas d'autres sources de financement en dehors de la publicité. Francis Bouygues et Robert Hersant, adversaires acharnés depuis l'attribution de *TF1* et de la *Cinq*, s'accordent au moins sur un point : les recettes publicitaires ne pourront pas faire vivre toutes les chaînes.

Malgré une stagnation en 1981, les dépenses publicitaires ont augmenté depuis 1978 et elles ont même connu un accroissement notable depuis 1985. Selon les chiffres et les statistiques de l'IREP, le bilan de l'année 1987 risque d'apparaître comme le meilleur de la décennie puisque le total des

TABLEAU VI. — RÉPARTITION DES RECETTES PUBLICITAIRES
DE LA PRESSE QUOTIDIENNE
(En pourcentage)

	1970	1975	1980	1983	1986	1987	1988
Presse de province (a)	58,8	67,2	70,9	70,6	68	67	65
Publicité commerciale							
- extra-locale	17,2	13,2	12,3	11,4	9	9	9
- locale	26,9	39,5	41,8	43,5	43	42	39
Petites annonces	14,7	14,5	16,8	15,7	16	16	17
Presse nationale (b)	41,2	32,9	29,1	29,4	32	33	35
Publicité commerciale	21,0	18,1	14,3	15,5	18	19	18
Petites annonces	20,2	14,8	14,8	13,9	14	14	17
Presse quotidienne (a + b)	100	100	100	100	100	100	100
(a + b) en milliards de francs 1987	5,39	5,35	6,09	5,98	6,16	7,03	7,94

Source : Calculs à partir de données de l'IREP.

dépenses publicitaires et promotionnelles (médias et hors médias) s'est élevé à 52 milliards contre 44,8 milliards en 1986 et 58,3 milliards en 1988, soit une progression de 16 % entre 1986 et 1987 et seulement 7,15 % entre 1987 et 1988. A l'intérieur des médias, la télévision connaît une forte progression (+27 % en 1987 et +13% en 1988) due essentiellement à l'apparition des chaînes privées et à l'ouverture des écrans à de nouveaux secteurs. Selon les prévisions du BIPE, elle recevra 35 % des investissements de la publicité en 1993. De son côté, la presse dont les parts de marché seront tombées à 43 % dans cinq ans, reste toujours en tête avec 55,6 % et elle a connu en 1988 une progression de 13 %. On observe toutefois des évolutions divergentes selon les types de presse et une disparité à l'intérieur d'une même catégorie de supports. La presse gratuite progresse de 17 %. Les quotidiens parisiens qui avaient réalisé en 1987 une belle performance avec une augmentation de 21,5 % due principalement à la politique de suppléments de certains journaux et à la poursuite du redressement des petites annonces, marquent un peu le pas avec seulement une progression de 17,5 % en 1988. D'une manière générale, l'augmentation des dépenses publicitaires a toutefois davantage profité aux médias autres que la presse où, comme le remarque le Conseil de la concurrence dans son avis précité, on note « une triple tendance à la baisse : de la presse en général par rapport aux autres supports ; des journaux quotidiens par rapport aux autres publications ; et de la presse quotidienne parisienne dite "nationale" par rapport à la presse régionale ». En vingt ans, de 1967 à 1988, les parts du marché publicitaire de la presse quotidienne nationale sont passées de 13 à 4,80 % et celles de la presse de province, de 20 à 8,83 %. Il convient toutefois de nuancer la portée des chiffres de cette diminution car il existe une grande disparité entre les titres.

4. L'aide de l'État à la presse

Chaque année, la discussion de la loi de finances au Parlement fait apparaître des crédits destinés à venir en aide à la presse. En 1989, ils représentaient la somme de 58,06 milliards de francs, soit 12 % du chiffre d'affaires du secteur. Certaines de ces aides remontent à la Révolution, à la loi de 1886 et à celle du 31 juillet 1920 ; les autres ont été instituées au lendemain de la dernière guerre. Celles-ci étaient justifiées par les idéaux de la Résistance pour qui le pluralisme dans la presse se devait d'être un principe fondamental. Au fil des ans, cette logique de la liberté, privilégiée par rapport à celle de la concurrence, a empêché les entreprises de presse de se développer et de se moderniser. Saisie en 1984 par Christian Goux, président de la commission des Finances de l'Assemblée nationale, la Cour des comptes a formulé au sujet du système d'aides en vigueur cinq critiques fondamentales : « Il constitue une charge importante et croissante pour les finances publiques ; il rassemble des mesures disparates et juxtaposées sans cohérence ; il est appliqué sans connaissance précise de son incidence économique sur les entreprises de presse ; il subit une dérive continue par rapport aux objectifs initiaux des mécanismes mis en place ; il est inadapté à la participation de la presse aux nouvelles techniques de la communication. »

Les crédits d'aide à la presse sont de deux ordres : les aides directes qui, jusqu'à 1986, figuraient au budget des services généraux du Premier ministre et qui sont désormais dans celui du ministre de la Culture et de la Communication, et les aides indirectes.

• *Les aides directes* — d'un montant de 238,73 millions en 1989 — se rapportent au remboursement aux PTT d'une partie des communications téléphoniques et des transmissions par fac-similé, au remboursement à la SNCF d'une partie des dépenses de transport des journaux, au fonds d'aide, créé le 27 mars 1957, à l'expansion de la presse à l'étranger et à une aide exceptionnelle à des quotidiens nationaux à faibles ressources publicitaires. Cette aide exceptionnelle a été instaurée en 1973 à l'intention de quotidiens tirant à moins de 150 000 exemplaires et obtenant moins de 25 % de leurs recettes de la publicité. Reconduite en 1974 et 1975, elle a été institutionnalisée, mais seulement à titre transitoire, pour les années 1982 et 1983 par le décret du 26 mars 1982. Reconduite pour les années 1984 et 1985, sa pérennisation a été confirmée par le décret du 12 mars 1986. Les journaux qui en ont bénéficié en 1989 sont *La Croix, L'Humanité* et *Présent*. Le décret du 28 juillet 1989 l'a étendue à des quotidiens de province et sept en ont bénéficié : *L'Écho du Centre* (Limoges), *La Liberté de l'Est* (Épinal), *La Liberté* (Lille), *La Marseillaise* (Marseille), *Nord Littoral* (Calais), *Le Petit Bleu* (Agen) et *La Presse de la Manche* (Cherbourg).

• *Les aides indirectes*, qui se sont élevées à 5 567,30 millions de francs en 1989, représentent une moins-value pour les budgets de l'État ou des collectivités locales. Ces moins-values se rapportent au budget des PTT à cause des réductions tarifaires sur les télégrammes de presse, les liaisons télégraphiques spécialisées et des tarifs postaux préférentiels ; au budget des collectivités locales par l'exonération de la taxe professionnelle ; au budget de l'État par la constitution de provisions pour investissements qui sont prévues à l'article 39 *bis* du Code des impôts et dont le dispositif a été reconduit en 1987 pour une durée de cinq ans, et par l'application de taux spécifiques du régime de la TVA. La loi du 29 décembre 1976 a soumis la presse à la TVA selon un régime différent selon les publications. La presse quotidienne et la presse hebdomadaire régionale d'information politique et générale sont soumises au taux de 2,1 %. Les autres publications bénéficient jusqu'au 1er janvier 1982 d'un régime transitoire : soit continuer à bénéficier de l'exonération de la TVA, soit opter pour le taux de 4 %. La loi du 27 décembre 1977 a étendu aux hebdomadaires politiques nationaux le taux de 2,1 %. L'ensemble de ces dispositions a été prorogé depuis 1982 et l'article 12 de la loi de finances pour 1986 a rendu définitif le taux provisoire de 4 % appliqué aux périodiques.

Certaines de ces aides ne font pas l'unanimité dans la presse parce qu'elles favorisent les journaux les plus riches. Ce sont en particulier les aides concernant les tarifs postaux qui profitent avantageusement aux journaux bénéficiant de nombreuses ressources publicitaires, et celles qui résultent de l'article 39 *bis*. Déjà en 1979, le rapport Vedel avait indiqué que les avantages accordés en matière d'investissements par cet article du Code général des impôts « ne constituent une aide que si et dans la mesure où l'entreprise réalise des bénéfices et, par conséquent, elles ne profitent pas aux publications dont la situation financière est fragile ». Quant à l'existence d'un double taux de la TVA, elle a toujours été contestée à l'intérieur de la profession. Cette situation, qui est particulière à la France par rapport à celle de la plupart des autres pays de la Communauté européenne va cependant évoluer. Recevant la Fédération nationale de la presse française le 29 octobre 1987, Jacques Chirac avait annoncé son intention d'inscrire au projet de budget de 1988 le taux unique pour l'ensemble de la presse de 2,10 % qui entrera en application le 1er janvier 1989. Le 18 novembre suivant, les sénateurs ont adopté un amendement dans ce sens et, selon François Léotard, cette décision représentera pour la presse une économie de l'ordre de 230 à 250 millions de francs.

Conclusion

La presse est moins puissante qu'on veut bien le dire, mais elle est plus importante qu'on veut bien le croire. Cette évidence, que les hommes politiques ont tendance à oublier lorsqu'ils estiment qu'elle ne sert pas de courroie de transmission fidèle de leur pensée ou de leurs actions, a été également battue en brèche lors des débats qui se sont déroulés au moment de la privatisation de la télévision et où le petit écran est apparu parfois comme le seul moyen de communication de l'avenir.

Les résultats de certaines enquêtes, réalisées entre 1950 et 1983, peuvent, il est vrai, orienter vers de telles conclusions. Elles révèlent, en effet, que la lecture régulière d'un quotidien est en décroissance continue. Pratiquée par 64 % des Français en 1950, elle est tombée à 59,7 % en 1967, à 46,1 % en 1981 et à 45 % en 1983. Une autre enquête de l'INSEE réalisée en septembre 1985 et en octobre 1986 sur l'emploi du temps des adultes citadins confirme cette tendance. Dans le temps libre gagné sur dix ans — 36 minutes par jour —, c'est la télévision qui est la principale bénéficiaire et le Français passe en moyenne 1 h 44 par jour devant le petit écran, soit 26 minutes de plus qu'il y a dix ans. Un sondage publié dans *Le Point* (25 janvier 1988) révèle que 76 % des personnes interrogées ne lisent que de temps en temps ou ne lisent jamais ou presque jamais un quotidien parisien et 48 %, un quotidien régional. A cette crise de la lecture viendrait également s'ajouter une crise de confiance entre les journalistes et les lecteurs. En effet, la comparaison des résultats de deux enquêtes réalisées à douze ans d'intervalle (*Médiaspouvoirs*, janvier-mars 1988) montre que 47 % des Français pensent que les informations publiées par la presse écrite sont au moins partiellement inexactes, contre 37 % en 1975, et 63 % d'entre eux considèrent que les journalistes ne sont pas indépendants, contre 48 % en 1975. Si cette tendance se confirmait, elle placerait notre pays dans une position particulière par rapport à la plupart des pays occidentaux.

Il est en effet frappant de constater que dans les pays où la télévision est très développée — États-Unis, Japon, République fédérale d'Allemagne, Italie —, la presse écrite n'a pas connu de frein à sa progression. En 1986, l'Allemagne fédérale comptait 395 quotidiens diffusant 25,3 millions d'exemplaires. En Italie, avec ses 80 titres diffusant 5,2 millions d'exemplaires, la presse quotidienne a su résister à la concurrence de plus de 500 réseaux nationaux ou stations régionales et locales de télévision. Les vingt-cinq heures consacrées en moyenne par semaine par les Japonais à la télévision et les 120 chaînes qu'ils peuvent regarder n'empêchent pas les quotidiens de ce pays de diffuser tous les jours 68 millions d'exemplaires et certains chiffres réalisés par quelques titres font rêver plus d'un directeur de journal : l'*Asahi Shimbum*, plus de 12 millions ; *Yomiuri Shimbum*, près de 14 millions avec ses deux éditions ; *Mainichi Shimbum*, 6,6 millions et le journal économique *Nihon Keizai*, plus de 3,6 millions. Selon les statistiques publiées par l'Association américaine des éditeurs de journaux, les 1 657 quotidiens des États-Unis ont diffusé en moyenne en 1986 62,49 millions d'exemplaires et ils ont absorbé 27 % des dépenses publicitaires contre 22 % pour la télévision.

Ces quelques exemples montrent que la presse peut faire preuve de dynamisme face à la concurrence des autres médias, en particulier à celle de la télévision. Après avoir été tentés par les sirènes des nouveaux médias, beaucoup de directeurs de journaux ont opéré un recentrage sur l'écrit qui reste encore à bien des égards le meilleur support pour une confrontation des idées, une information précise, complète et pluraliste.

Bibliographie

[1] ALBERT Pierre (sous la dir. de), *Lexique de la presse écrite*, Dalloz, Paris, 1989.

[2] ALBERT Pierre, *La Presse*, PUF, « Que sais-je ? », n° 414, Paris, 1982.

[3] ALBERT Pierre, *La Presse française, Notes et Études documentaires*, n° 4901, 4ᵉ éd., La Documentation française, Paris, 1990.

[4] ALBERT Pierre, TERROU Fernand, *Histoire de la presse*, PUF, « Que sais-je ? », n° 368, Paris, 1974.

[5] ARCHAMBAULT François, LEMOÎNE Jean-François, *4 milliards de journaux*, Alain Moreau, Paris, 1974.

[6] BALLE Francis, *Et si la presse n'existait pas*, J.-C. Lattès, Paris, 1987.

[7] BALLE Francis, *Médias et société*, Montchrestien, Paris, 1990.

[8] BALLE Francis, EYMERY Gérard, *Les Nouveaux Médias*, PUF, « Que sais-je ? », n° 2142, Paris, 1984.

[9] BENETIÈRE Jean, SONCIN Jacques, *Au cœur des radios libres*, L'Harmattan, Paris, 1989.

[10] BRAULT Patrick, *La Presse en Europe*, DAFSA, Paris, 1980.

[11] CAYROL Roland, *La Presse écrite et audio-visuelle*, PUF, Paris, 1973.

[12] CHARON Jean-Marie, *Nouveaux Médias au quotidien*, tome 1 ; *Diversification des quotidiens français*, Centre d'études des mouvements sociaux, Paris, 1984.

[13] CLUZEL Jean, *Un Projet pour la presse*, Librairie générale de droit et de jurisprudence, Paris, 1986.

[14] COJEAN Annick, ESKENAZI Frank, *FM : la folle histoire des radios libres*, Grasset, Paris, 1986.

[15] COLLECTIF, *Histoire générale de la presse française*, tome 1 : *Des origines à 1814* ; tome 2 : *de 1815 à 1871* ; tome 3 : *de 1871 à 1940* ; tome 4 : *de 1940 à 1958* ; tome 5 : *de 1958 à 1976*, PUF, Paris.

[16] COLLECTIF, *L'Information locale*, Pedone, Paris, 1980.

[17] COLLECTIF, *La Télématique grand public : Aspects juridiques, économiques et sociaux*, Rapports de la Commission de la télématique au ministre des PTT, La Documentation française, Paris, 1986.

[18] COURCELLE LABROUSSE Sylvie, ROBINET Philippe, *Paris et enjeux de la presse de demain*, Presses universitaires de Grenoble, Grenoble, 1987.

[19] DESBARATS Bruno S., *Les Chances de l'écrit face à l'audiovisuel*, Régie-Presse, Paris, 1987.

[20] DUVAL René, *Histoire de la radio en France*, Alain Moreau, Paris, 1979.

[21] GAYAN Louis-Guy, *La Presse quotidienne régionale*, Milan-Média, Toulouse, 1990.

[22] GUILLOU Bernard, *Les Stratégies multimédias des groupes de communication, Notes et Études documentaires*, n° 4763, La Documentation française, Paris, 1983.

[23] LE DIBERDER Alain, COSTE-CERDAN Nathalie, *La Télévision*, La Découverte, coll. « Repères », Paris, 1986.

[24] LEPIGEON Jean-Louis, WOLTON Dominique, *L'Information demain : de la presse écrite aux nouveaux media*, La Documentation française, Paris, 1979.

[25] MATHIEN Michel, *La Presse quotidienne régionale*, PUF, « Que sais-je ? » n° 2074, Paris, 1983.

[26] MATTELART Armand, *La Publicité*, La Découverte, coll. « Repères », Paris, 1990.

[27] MISSIKA Jean-Louis, WOLTON Dominique, *La Folle du logis : la télévision dans les sociétés démocratiques*, Gallimard, Paris, 1983.

[28] MORGAINE Daniel, *Dix ans pour survivre : un quotidien grand public en 1980*, Hachette, Paris, 1971.

[29] MORGAINE Daniel, *L'Imaginatique à la Une*, La Table ronde, Paris, 1990.

[30] MOTTIN Jean, *Histoire politique de la presse 1944-1949*, Bilans hebdomadaires, Paris, 1949.

[31] PLANCHAIS Jean, *Un homme du « Monde »*, Calmann-Lévy, Paris, 1989.

[32] ROUX Bernard, *Chauds les médias ! Et la presse écrite ?*, Trimedia, Lille, 1985.

[33] SABOURET Yves, « Forces et faiblesse de la presse écrite en France », *Le Débat*, n° 39, mars-mai 1986, p. 19-28.

[34] SALAÜN Jean-Michel, *A qui appartient la télévision ?*, Aubier, Paris, 1989.

[35] SANTINI André, *L'Aide de l'État à la presse*, PUF, Paris, 1966.

[36] SERVAN-SCHREIBER Jean-Louis, *Le Pouvoir d'informer*, Laffont, Paris, 1972.

[37] SYNDICAT DE LA PRESSE PARISIENNE, *Première journée Presse-Europe, 6 octobre 1989*, SCEI Communication, Paris, 1985.

[38] TOUSSAINT-DESMOULINS Nadine, *L'Économie des médias*, PUF, « Que sais-je ? », n° 1701, Paris, 1987.

[39] TOUSSAINT Nadine, LETEINTURIER Christine, *Évolution de la concentration dans l'industrie de la presse en France*, Commission des Communautés européennes, Bruxelles, 1978.

[40] TUDESQ André-Jean, « De la TSF à la radiodiffusion : la presse française et l'apparition d'une nouvelle technique d'information », *Revue historique*, n° 524, 1977, p. 363-392.

[41] VOYENNE Bernard, *L'Information aujourd'hui*, Armand Colin, Paris, 1979.

[42] VOYENNE Bernard, *La Presse dans la société contemporaine*, Armand Colin, Paris, 1971.

Table

LA COLLECTION "REPÈRES"

Les grandes questions internationales

Les problèmes financiers et monétaires

A l'Est, du nouveau ?

Classer, compter, mesurer

Le travail et l'emploi face à la crise

La collection Repères est animée par
Jean-Paul Piriou, avec la collaboration de
Annick Guilloux, Hervé Hamon
et Michel Wieviorka.

Composition Facompo, Lisieux (Calvados)
Achevé d'imprimer en septembre 1990
sur les presses de l'imprimerie Carlo Descamps,
Condé-sur-l'Escaut (Nord)
Dépôt légal : septembre 1990
Numéro d'imprimeur : 6405
Deuxième tirage : 7000 à 11 000 exemplaires
ISBN 2-7071-1761-7